# 「聖戦」と日本人

戦争世代が直面した
断末魔の日々

一本松幹雄

明石書店

# はじめに——日本人が死に直面した断末魔の時代を回想して

私は一九三七（昭和一二）年一〇月生まれですが、幼少時の記憶力は良く、特に戦争については、一九四二（昭和一七）年四月一八日の有名なドゥーリットルの日本初空襲と、それ以降の推移をよく記憶しています。

また、少年の頃から新聞を読むことが好きで、小学一年生になった一九四四（昭和一九）年以降、後に成人して欧米で生活した一一年間のうち、日本の新聞が入手できなかった僅かの期間以外は、毎日、丹念に新聞に目を通してきました。

一九三一（昭和六）年に満州事変が起こってから、一九四五（昭和二〇）年八月一五日の終戦まで、十五年戦争とも呼ばれる戦争の時代は、日本にとってまさに断末魔の時代ともいうべき苦難の時期でした。そして、戦争終結後の数年間も、人びとが苦しい生活を強いられた時代でした。

このような日本人にとって断末魔の苦しみをもたらした原因について回顧し、分析したいと考え、まとめたのが本書です。

さらに、二〇一六年時点で、戦後七一年にもなる故か、戦争について論じる学者、評論家の人たちが戦後一五年も、二〇年も経過した頃に誕生した、いわば戦争を知らない世代の人たちである例が多くなってきました。

私たち、空襲、機銃掃射（低空からの直接的な銃撃）、出征（徴兵され、戦地に行くこと）兵士を送る集会、千人針、防空演習などを経験し、記憶する世代も、戦後生まれの人たちに負けないように、経験をふまえた反戦論を述べていくべきだと考えております。

このような考えに立って、私の戦時中、具体的には対米英戦争開始の直後からの実際の経験をふまえて著述したのが本書で、読者の方がたが戦争と日本の過去と今後について考える上で、お役に立てれば幸いです。

# 「聖戦」と日本人

——戦争世代が直面した断末魔の日々——

## ●目次

# 第一章　民は貧しい天皇と軍人の国

――真珠湾攻撃の頃の日本

# 一　畑が多く、牧歌的だった阪神間の風景

私が生まれたのは、一九三七（昭和一二）年一〇月で、この年の七月七日に、北京郊外の盧溝橋で日中両軍が衝突する事件が起こり、日中戦争が本格化した頃だった。

生まれてから六年間ほどは、兵庫県の芦屋市という阪神間の所得水準が比較的高いとされる中小都市で育った私が、はっきり記憶しているのは日本軍の真珠湾攻撃から四カ月ほど後の一九四二年四月一八日の米軍機によるドゥーリットル空襲の時からだった。

日本が日中戦争の泥沼の状態の中から、突然、真珠湾攻撃で米・英・オランダなどに戦いを挑んだ頃の阪神間の都市風景は、幼少期の私でも明確に記憶しているつもりだが、二〇一六年の今日の情景とは著しく異なる、畑が多い、牧歌的なものだった。

今日の芦屋市は高層マンションが建ち並ぶ近代的で裕福な都市という感じであるが、七〇年も昔の頃の芦屋は畑が多く、樹木も多い牧歌的な雰囲気につつまれていた。

私の住む家の近くで樹木が密集している区画に、夕方、多くのすずめが集まって、その鳴き声がやかましかったことを記憶している。

当時の日本の社会の貧富の差が二〇一六年の日本よりも著しかったことは事実だったようで、

芦屋においても、創業者的な資本家などの裕福な家族が住む豪邸が多い区域、中産階級的な人びとが住む区域、そして中産階級よりも下位の所得の人たちが多く住む棟割り長屋と呼ばれた共同住宅が建ち並ぶ区域の三つにはっきり分類できる状態だった。

谷崎潤一郎の代表作、「細雪」でも紹介された芦屋の富豪たちの多くが住む、阪神電鉄より南部で当時の海岸べりの区域には、とくに広大な邸宅が多く、私の伯父、伯母が親しくしていた有名な資産家の家は、へいの外を一周するのに一〇分以上も必要と言われるほど広大な大邸宅だった。

その頃の家庭生活の大きな特徴は、中産階級の家でさえ、そのほとんどが女中さんを雇っていたことだった。当時の我が家は中産階級の区域に住み、家も借家だったが、女中さんが一人か二人は居た。市内には女中さんをあっせんする事務所があって、そこに行けばすぐにでも、女中さんを確保することが可能だった。

当時の日本の農村は、農協がすごい力をもっていると言われる二〇一六年の日本とは異なり、貧しい状態だったので、農村の娘さんたちの多くが都市部に女中さんとして働きに出て、実家の家計を助ける状況だったと言える。

幼少期の私たちにとって、「講談社の絵本」は一つの有力な知識習得の手段だった。「講談社の絵本」は一カ月に一度ほど出版され、軍国主義をわき立たせる内容の本がほとんどだったが、知識の吸収と漢字を覚えるのに役立った。そして、講談社の絵本を買っているということは一つのステータス・シンボルのような感じだった。

その他の幼少期の者のための娯楽としては、夕方頃に街にやってくる紙芝居とチンドン屋のおじさん達の活弁があった。

## 二　貧しくて劣悪な居住環境——戦前・戦中の日本人の生活

対米英戦争が始まった直後に、戦艦「大和」と「武蔵」という世界最大と言われた巨大高速戦艦を完成させた日本だったが、人びとの生活は二〇一六年の生活に比して、はるかに貧しかった上に、居住環境は劣悪だった。

種々の統計に頼るまでもなく、一九四〇年頃からの居住環境をおぼろげながらも実感し、一九四二年頃からは明確に記憶している私は自信をもって証言できる。

終戦時（一九四五年）に、日本人の半数が農業に就いていた事実は、経済の発展が遅れていた側面を表している。そして、日本人の平均寿命は五〇歳程度といわれていたのは、食料、医療、衛生状況、住居環境などが劣悪だったからと言える。日本の女性は平均的に四三歳ぐらいで夫と死別するという推測があったが、その信頼性は高かったと思われる。

高速道路など全くなく、舗装された道路は稀れだった。例えば近畿地方と中国地方とを結ぶ大動脈と言える国道も大型車両は辛うじてすれ違いができるという狭さであった。また、終戦後も十年間以上は牛馬が物資の輸送に使われて、交通の大動脈だった国道を行き来していたので、国道は牛と馬のふんで汚れていた。その牛馬のふんを肥料に使おうとして、人びとは争って、ふんを収集したのだった。

西洋式の水洗便所がある家は絶無といってよく、汲み取り式のトイレだったから、絶えず住居に悪臭がただよい、一カ月に一度ほど汲み取り人夫が来て人ぷんを集める時は、人びとはすごい悪臭に耐えていた。

人ぷんを農業の肥料に使ったために、人びとの腸の中に回虫が発生し、病気を発症させることが多かった。

冷暖房は二〇一六年の今日に比して、極めてお粗末で、原始的な手段が多く、人びとは暑さと寒さに対して、精神力でがまんする面が強かった。

私は特に戦争・焼け野原の時代は人びとにとって衛生状況が悪かったことを強調したい。とにかく、生活環境上、ごみ、ちりが多かった。人びとの多くがマスクをしていたのは、当時としては止むを得なかったと思われる。また、はえ、蚊、ねずみ、ゴキブリが二〇一六年よりもはるかに多く活動していたし、のみ、しらみという恐ろしい害虫が多く見られた時期もあった。

害虫対策として、アメリカ占領軍が飛行機からＤＤＴ（戦時中に米軍が開発した害虫駆除剤）を散布していたのを私は目撃したことがあった。

空気が汚れていた故か、人びとがたん汁や鼻汁を出す量が多く、公共的な場所の至る所にたんつぼが置かれていた。また、道を歩くと人びとが吐いたたんがしばしば認められ、不潔な印象を与えていた。

農村の若い女性は家計を助けるために都市部に女中さんとして働きに出ることが多く、我が家にも、終戦前後の約四年間の他は女中さんが居たが、ある時、女中さんの母から手紙が来て、その女中さんが「結婚する相手が見つかったので、帰らせていただきます」と言って、帰郷したことがあった。そのような時代だったのだ。

戦争時代の日本は世界に誇る巨大高速戦艦「大和」、「武蔵」をつくる力があり、小型ながら、アメリカ軍を恐れさせた戦闘機「ゼロ戦」をつくる技術もあった。

しかし、優れた面は限られており、当時のアメリカのように巨大な工業力と産業、資源を持つ状態に比して、はるかに劣っていたのが日本だった。人口を支える産業の力が弱かったので、農家の二男、三男などを満州に送って満州の開拓に当らせるという策も浮上して、ここに、満州は日本の生命線という考えが出てきたのだった。

## 三　「忠君愛国」、「承詔必謹」（一）——天皇中心の神の国だった日本

私が「八月一五日」の終戦の日を迎えたのは、小学二年生の夏だったが、それまでの日本の社会がまさに「天皇中心の神の国」だったことはよく認識していたと思う。

当時、「御真影」と呼ばれていた昭和天皇と皇后の写真をかざっている家庭が多かったし、昭和天皇の存在感は絶大で、まさに日本の社会が天皇を中心に動いている感じであった。終戦までの日本人が守るべき行動指針として、「忠君愛国」と「承詔必謹」がきびしく指示されていた。天皇に忠実で、国を愛するとともに、天皇が発する指示、命令は臣民として、いかなる障害があっても、やり抜かねばならないという教示だった。

また、時折、国民は皆が「すめらみこと（天皇）のみたみ（御民）」という表現も使われた。「われわれ臣民は天皇陛下に忠実な家来なんだ」という意味だった。

日本は神の国という点もよく強調されたように、多くの家庭に神棚が祭られていて、人びとが神棚に礼拝したり、祈りを捧げたりすることが多かった。また、各地で神社に人びとがお参りに集まることが多く、私も芦屋の山手にある神社に両親や兄とともにお参りに行くことが多かった。

私はいわば早熟といってもよい小児だったようで、小学校に登校する前に、すでに毎日、新聞

を読むのにかなりの時間を使っていた。そのような私の体験に照らしてみて、終戦までの日本が「天皇中心の神の国」だったことは明白であり、否定できない事実だったと思う。

歴史的に考えれば、少なくとも戦国時代とこれに続く江戸時代（徳川幕府の時代）においては、天皇の権威はそれほど強くなかったという説が有力である。二七〇年ほど続いた徳川幕府の時代は、比較的戦乱が少なく、商業が発達し、徳川幕府の力がほぼ安定し、一般的な国民大衆が天皇を意識することが少なかったという説が強い。

江戸時代の末期に、アメリカのペリーの浦賀への来航などで日本は開国を迫られ、明治維新を迎えたが、当時の日本の指導者の一人だった伊藤博文は欧米を視察して、「欧米ではキリスト教をバックボーン（背骨）として国の発展を進めている。日本が欧米の先進国に追いつくために産業、技術を発展させる上で、天皇制を欧米のキリスト教に匹敵するような精神的背骨にすべきである」との考えを抱いたとされる。

このような背景で、明治の革新を遂行する上で、天皇崇拝を国民の間に広める政策が推進され、この政策がやや行き過ぎて、日本を「天皇中心の神の国」にしてしまったと判断する歴史家が多い。日本を富国強兵策によって、欧米の列強に負けない国に発展させようとする動きの象徴的な史実として、「田中上奏文」と「バーデンバーデンの誓い」があり、田中上奏文は実在しなかったと言われるが、バーデンバーデンの誓いは事実であり、一九二一年一〇月二七日、私が訪ねたこともあるドイツ西南部の温泉地のバーデンバーデンで、スティファニーというホテル内において永田鉄山ら陸軍の俊秀たちが集まって、富国強兵策による日本の発展を推進することを誓ったことは有名である。

このような日本の発展策の精神的な背骨として、天皇の権威、天皇崇拝の強化が推進されたというのがほぼ確立された通説と言える。

## 四　「男は軍人になるのが当然」という時代

戦前、戦中に日本が強烈な軍国主義の国だったことは、すでに多くの文献で報じられているが、私が幼少の頃に実感したものは、すべて日本が軍国主義の国だった事実を裏づけるものだった。

私が幼稚園に通ったのは一九四三（昭和一八）年とその翌年だったが、その頃を含めて、もっと幼少の頃でも、近くのオバサンなどに「ボクちゃんは大きくなったら、軍人サンになるんだねぇー」と話しかけられることが多かった。

すでに、一九三三（昭和八）年六月に、軍人の力の強さを示す事件が起こっていた。大阪市の繁華街の一つである天神橋筋の六丁目交差点で、巡査（警官）と軍人とが大ゲンカ（喧嘩）する事件が起こり、ケンカは東京の軍部と警察部門との対立にまで発展し、「ゴー・ストップ事件」

として有名になったのだ。

その頃は交差点に電動式の信号が設置された直後だったらしい。巡査（警官という語は戦後に使われ始めたと思う）が交通の整理に当たっていたが、巡査の指示を通行中の軍人が無視して行動したので、巡査が怒り、軍人に注意したところ、軍人は「軍人は天皇に直属しており、天皇の命令で行動するのだから、軍人は巡査の指示に従わなくてもよい」と主張し、巡査とケンカになったのだ。

また、当時、少年たちの間に大きな人気をもっていた講談社の絵本は軍国主義をたたき込むような内容で満ちていた。『爆弾三勇士』、『航空画報』といった日本軍をたたえる内容の本や、源氏の勇士だった源義経のような伝説的な武人をたたえる本が多かった。

戦後、激戦地から帰還した日本兵が「自分は講談社の絵本を読んで軍人志望になった。軍国主義的な絵本を次々と出版した講談社には重大な戦争責任がある」と語っていた。

当時の女性たちも軍人に憧れた。特に純白の軍服を着て、いかにもカッコ良かった海軍軍人たちは、若い女性の憧れの的だったと私の母が述懐していた。

旧制中学の中で男子校には配属将校と呼ばれる正規の軍人が常駐し、生徒たちを立派な軍人にするように指導していた。

私の兄は日本と米英などが戦争に入った一九四一年一二月の直後に神戸一中に入学したが、軍事的な訓練の時間が多かった上に、陸軍幼年学校への入学など、中学生を早期に軍人の専門教育施設に入れようとする動きもあった。

終戦の四カ月ほど前の一九四五年四月頃、当時小学二年生だった私が明石市の駅前通りを母と共に歩いていた時、母が三〇歳ぐらいと思われる陸軍軍人の服装をした男に強引に路地裏につれて行かれた。軍人らしき男は母に、「非常時にこんな服装をしていてはイカン！」と言った様子だったが、明らかに母はその軍人らしき男に路地裏でイタズラをされたに違いなかった。

軍国主義全盛の時代だったので、ひ弱そうな男の子はバカにされた。ケンカが強そうな、乱暴そうな男児が賞賛される風潮があった。

帝国陸軍の本部があり、陸軍の町と呼ばれた広島市に、私は一九四一年と一九四二年に訪問したことがあった。私が幼稚園に入る前の時期だったので、軍人の様子をはっきり記憶していないが、広島は軍人が多い軍事都市だったと伝えられる。広島の街では、「軍人にあらずばひとにあらず」という状況だったと回顧する文献がある。

## 五　日清、日露、第一次世界大戦――日本軍は不敗という迷信生まれる

私たちの世代の者は、幼少の頃とは言え、日本が太平洋戦争に敗れて八月一五日を迎えるまで、

「日本は一度も戦争で負けたことがなく、日本軍は不敗だ」と信じ込まされていた。

その背景として日清、日露、第一次世界大戦のいずれもが日本及び日本側の勝利という形で終わり、日本の領土拡大という結果を得たことがあげられる。

まず一八九四年から翌年にかけての日清戦争は朝鮮半島の支配をめぐる日本と清国との争いが原因となった戦争である。清国側の戦争準備が十分でなく、また清国がインドネシア北部でフランス軍と争っていたこともあって、戦いは日本軍の楽勝という形で終わり、一八九五年三月の下関での講和会議の結果、清国は朝鮮の独立を承認すること、清国は遼東半島、膨湖諸島、台湾を日本に割譲すること、賠償金を日本に支払うこととなったが、遼東半島についてはロシア、フランス、ドイツの三国による干渉があり、日本は放棄せざるを得なかった。

日清戦争は日本軍の完勝とされているが、清国側の戦争準備の不足、アメリカなど列強が早く戦争を終わらせようという姿勢を示したことも勝利の原因であり、真に日本が勝利したとは言えない面もあった。

次に、日露戦争であるが、日露間で満州（中国東北部）の支配をめぐる争いが原因となったが、より大きくは、ロシアの南下の意欲を日本として食い止めたいとする事情があった。当時はロシアは世界の大国であり、日本は小国であり、米英側としてはロシアの南下を防ぐために、小国である日本を応援したいという動きを示した。これが日本に大きく幸いした。

また、地理的に主戦場となった旅順や日本海は日本の本土に近く、ロシアが陸海軍の主戦力を戦場に送るにはシベリア鉄道あるいはアフリカ、印度洋経由という遠距離の輸送が必要であり、ロシア側に不利であった。

一九〇五（明治三八）年五月、日本海海戦で日本海軍が勝利した時、日本の政府・軍の指導者たちは日本の戦力も限度に来たとしてアメリカ大統領などに仲介を依頼し、この策が賢明で、比較的有利な条件で日露間の講和が成立した。これ以上戦う力は当時の日本にはなかったという判断がなされた。そして、サハリン南半分の日本への割譲などが取り決められた。

当時の日本国民の一部は講和の内容が日本にとって不利だとして大騒ぎをしたが、これは当時の日本とロシアとの国力の比較を正しくなし得ていなかったことが原因と言わざるを得ない。

また、第一次世界大戦（一九一四―一九一七）に際して、日本は有利な戦果を求めるような形で、英仏側の一員として、主として太平洋、印度洋などでドイツ・オーストリア側を敵として戦い、太平洋にあったドイツの信託領土を日本の信託統治下に置くことに成功した。

このような、三つの戦役で日本は勝利した形で終わったが、いずれも相手国側の戦争準備の不足や列強の好意的な態度が幸いして、ともかく勝利という状況で戦いを終わらせた側面が強く、国力と国力との全面的対決で勝利したとは言い難い面があった。

しかし、当時の私たち日本国民は日本軍は強く、日本不敗という印象をもってしまったのだった。

## 六　大正デモクラシーはなぜ崩壊したのか？——保守的勢力の抵抗も強かった

日露戦争で一応の勝利を収めた日本は世界の列強の一つに数えられそうな状況となったが、続く大正時代（一九一二—一九二六）は日本がどのような国に向かうのか、極めて重要な時期であったと考えられる。

大正時代については、一般には「大正デモクラシー」という呼び名が示すように、人びとの意見がかなり自由に表明され、英米文化に憧れるムードが強く、また、平和愛好の勢力が強く、一九一八（大正七）年に日本がシベリア出兵をした時は兵隊たちは人びとに見られないように、ひそかに出発したと伝えられるような、平和愛好の時代だったとの印象が伝えられている。

私の母は一九一九（大正八）年以降、京都府立第一女学校の生徒だったが、当時の女学生たちの間に欧米文化に憧れるムードが強く、英語の習得意欲が強かったと語っていた。

世界的に見ても、一九一七（大正六）年のロシア革命、一九二一（大正一〇）年のワシントン軍縮条約など、王制廃止及び軍縮の動きは強まったと見なすことができる。軍縮の動きは、大正から昭和へと元号が変わっても続き、一九二八（昭和三）年パリ不戦条約、一九三〇（昭和五）年ロンドン軍縮条約へと続いた。

さらに一九一八（大正七）年にはアメリカ大統領ウィルソンが民主主義と民族自決を世界に呼びかける声明を発表し、世界に大きな影響を与えた。

しかし、世界的な帝政の廃止と民主主義への動き、そして軍縮の動きがこのまま進行したわけではなく、世界は第一次世界大戦よりも、さらにスケールが大きく、一層悲惨な結果を生んだ第二次世界大戦を経験しなければ、一応の長期的な不戦状態を迎えることができなかったのは、私たちの世代が身をもって体験したところである。

そして、日本においては、「大正デモクラシー」と呼ばれる傾向の背後に、保守的な勢力が「民主主義や民族自決主義の高まりが日本の既存の支配体制を脅かす」として警戒するムードが高まった上に、日清戦争、日露戦争の一応の勝利によって日本が大陸に進出する動きを強め、これが中国とのトラブルをしばしば起こす原因となった。

また、これは天災に原因することだが、一九二三（大正一二）年九月一日に発生した関東大震災は地震そのものの力としては二〇一一年三月の東日本大震災よりも小さかったが、死者・行方不明者一四万人程度と推定され、何よりも当時の日本の国力が二〇一一年よりも弱かったから、関東大震災は甚大な悪影響を日本人の生活に及ぼした。そして、関東大震災は日本の民主化の進行を遅らせる働きをしたと考えられる。

大正年間の後期になると、労働争議や部落解放を求める動きも高まった。

これらの革新的とされる動きに対して、保守的な勢力も、対抗する動きを強めた。

一九二二（大正一一）年には日本共産党が結成されたが、警視庁は共産党員を検挙したり、党員の家を家宅捜査する行動に出た。一九二五（大正一四）年三月、それまでの少数による投票を改める普通選挙法が成立したが、ほぼ同じ日に天下の悪法として多くの人びとから恐れられた治安維持法が成立したことは、「大正デモクラシー」の一方で、強い抑圧的勢力が存在していたことを示唆するものだった。

さらに、一九二九（昭和四）年以降の世界的な恐慌による経済不況は、日本をも直撃し、これが大正デモクラシー的な社会情勢の退潮を招き、軍国主義、全体主義の時代を招く大きな原因になったと見られる。

## 七　強烈なスパルタ式教育の日本一の秀才校「神戸一中」とは何だったのか？

日本の戦前、戦中の旧制中学での教育の特徴を象徴的に表す最適の例として、旧制兵庫県立神戸一中をあげることができる。

神戸一中は歴史も古く、日本一の「秀才校」として全国的に有名だった。戦後の学制改革で、神戸一中は一九四七（昭和二二）年限りで姿を消して、その後継学校が神戸一高を経て、神戸高校となった。神戸一高が神戸高校となったのが一九四八（昭和二三）年の後半だったと記憶する。

私の兄・康雄が神戸一中に入学したのが一九四二（昭和一七）年四月で、兄が入学した直後の四月一八日、有名なドゥーリットル隊の日本空襲があり、B25の一六機のうち、一機だけ神戸上空に飛来して、川崎造船所を爆撃したのだった。犠牲者が一名生じた。

私たち家族にとって、兄が神戸一中に通学していることは大きな誇りだった。当時は神戸一中を受験できるのは広範囲に及び、明石あたりから大阪府との境あたりまでの小学校の生徒は受験できたから、広い範囲からよりすぐりの優秀な生徒が一中を目指したのだった。

私がはっきり記憶している神戸一中生たちは、当時の軍人の姿によく似ていた。戦闘帽、カーキ色の制服、足にはゲートルを巻き、靴も兵隊のはく靴だった。そして、白い風呂敷に学用品と弁当を包み、脇にはさんでいた。

一中生たちは電車の中で話をすることは禁じられ、また、座席は空席があっても座ることは厳禁だった。一中は神戸の街を見下ろす高台に位置していたが、若干の例外を除き、大多数の生徒は一中の校舎からは相当に下の方にある国鉄、あるいは阪神電車の駅で下車して、高台にある一中の校舎まで歩行するように指導されていた。

また、真冬でもオーバー、マフラーなどの着用は厳禁だったし、もとより冷暖房の設備は全く無かった。さらに、一中名物だったのが昼食は持参した弁当を校庭で立ち食いすることで、この弁当立ち食いも鍛錬の一環とされていた。一年に一度の運動会は気候が良い時期を避けて、必ず一一月二三日という秋も深まった祝日（旧制度によるにいなめ祭）に行われていた。

神戸一中の教育の精神的中心はスパルタ式に鍛えることにあったから、心身ともにどんな困難をも克服できるように、きびしい鍛錬を課していたのだった。

神戸一中教育の悪い点は上級生による下級生に対する暴力的といってもよいシゴキが日常的に行われていたことで、シゴキの実態は私の兄より一年下の学年にいた小松左京氏の『やぶれかぶれ青春記』という名著でも詳しく描かれている。

スパルタ教育の効果か、あるいは兵庫県下でも最優秀の生徒たちが集まった故か、神戸一中からは、各界で指導的な立場についた有力な人物が数多く巣立っていった。

そのうち、ほんの少し挙げるだけでも、矢内原忠雄（東大総長）、滝川幸辰（京大総長）、白洲次郎（政治家）、岩井雄二郎（岩井産業社長）、井深大（ソニー創業者）、久万俊二郎（阪神電鉄社長）、田宮虎彦（作家）、小松左京（作家）、松本重治（国際文化会館理事長）、国弘正雄（元参議院議員）らの名が思い浮かぶ。神戸一中は終戦直後、連合軍の指導によって、そのスパルタ教育に終止符を打つことになり、一中の教員の多くは他校に転じていった。そして、学制改革によって、一中は男女共学の県立高校として、今日の神戸高校となった。当初は極端な小学区制が採用され、神戸高校のすぐ近くの区域の生徒しか神戸高校に通学できない制度がとられた。

神戸一中は完全に姿を消したが、それは時代の変化で当然のことだったと考えられる。しかし、すごいスパルタ教育が行われたこと、全国一の「秀才校」として有名だったこと、卒業生の中から有名で有力な人物が輩出したことで、一中は日本の教育史に名を残したと言える。

## 八　勇気ある行動――軍部の横暴に対して強く抗議した斎藤隆夫

軍部の強い弾圧下で、大多数の政治家が軍部批判を控える中で、兵庫県の北部、但馬地方出身の衆議院議員、斎藤隆夫は「軍部が政治に介入すると、政争の末についに武力で軍部の主張を貫徹するに至り、こうなれば立憲政治は破滅する」と主張し続けた(二)。

斎藤の国会での軍部批判の演説として有名だったものの第一は、一九三六（昭和一一）年の「粛軍演説」であり、軍人に対する軍の寛容な態度を批判し、「軍人の政治不関与の原則を守れ！」と訴えた。そして、「二・二六事件については、あらゆる階層の国民が怒っているのに、言論の自由が抑圧されているので国民は皆だまっている」と警鐘を鳴らした。

次に斎藤を極めて有名な政治家としたのが一九四〇（昭和一五）年二月二日の衆議院での「反軍演説」で、日本国中が斎藤の演説でゆれたのだった。

この「反軍演説」において斎藤は「支那事変（日中戦争）はいつまで続くのか」と軍部を追及し、日本による中国での戦争を非難し、「聖戦」とされていた日本の中国での軍事行動の欺瞞性を非難した。そして、この演説で有名になった言葉であるが、「聖戦の美名にかくれて国民的犠牲を閑却し……」と軍部の横暴を指弾した。

この斎藤の「反軍演説」に対して衆議院の議場では拍手も起こり、各新聞は大幅に削られた斎藤の演説の要旨を報道した結果、国民から斉藤に対して支持と激励の声が殺到したのだった。しかし、軍部は「斎藤の演説は聖戦を冒瀆するものだ」と怒り、国会に親軍的な議員も多かったので、斎藤を除名する動議が成立し、斎藤は国会から追放された。

国民の斎藤を支持する声は強く、斎藤は一九四二年の衆議院選挙では非推薦で、かつ、官憲の妨害にもかかわらず、兵庫県但馬地方の選挙区でトップ当選したのだった。

軍による弾圧が強い時代に粛軍演説や反軍演説をした斎藤の勇気ある行動は多くの人びとに強い印象を与えたのだった。

**注**

（一）天皇の命令は必ずやりとげるというモットーのこと。
（二）『戦争と庶民　1940～49（1）』朝日新聞社、一九九五

# 第二章　富国強兵策の象徴

## ――満州支配を国策とした日本

## 一　満州支配を企図した日本

第二次世界大戦に際する日本の大悲劇の出発点として満州への進出があったと見なして良いだろう。満州問題を発端として日中間で全面的な戦争状態となり、日中問題と関連して日米間で戦争が起こったと見なすことができる。

満州問題も日本の富国強兵政策に原因があると言えるだろうが、かなりの固有の問題があったことは事実である。日露間での日露戦争（一九〇四—一九〇五）は近代化を急ぐ日本にとって大きな試練だった。日露戦争は当時、世界からは小国と見なされる傾向にあった日本が当時の大国であるロシアと対決したもので、日本人一九〇万人が動員され、日本の戦死者は八万人以上とされる大きな犠牲を伴った。当時の日本の指導者が賢明で、戦争の早期終結をはかったので、一九〇五年にはボストン近郊の美しい保養地であるポーツマスで講和会議が開かれ、日本は中国地域の関連ではロシアからハルピン—旅順間の鉄道とその沿線の限定的駐兵権を得たほか、遼東半島の租借権を得たが、日本国民は満州については日本に特殊権益があると思い込んでしまった。

その故、「日本の満州経営には日露戦争による特殊権益がある」という理論が持ち出されたのである。

しかし、日本による満州支配は法的には何ら保障されたものではなく、満州に居住する現地の人びとの意向、中国やロシア政府との平和的な協調をベースとして、満州での日本の役割が国際的にも評価されるように努力すべきであった。

現実には、日本の抑圧的な態度が現地住民に反感をもたれ、事態の推移が日本にとって望ましい方向には進まなかったと批判された。

## 二　軍事的天才、石原莞爾による満蒙所有構想

「満州といえば石原」と言われるほど、日本の満州進出に大きな存在感を示した人物である石原莞爾は陸軍大学時代の成績はすごく優秀で、陸軍の参謀あるいは関東軍の最高幹部として日本による満蒙所有を主張し、一九三一（昭和六）年の満州事変の主謀者として知られる有名人物である。

石原は一八八九年、山形県鶴岡に生まれ、陸軍軍人となり、陸軍大学での成績はトップクラスだった。ドイツに長期にわたって留学し、世界戦略について勉強した。かくして石原が作った世界戦略としては、「日本とアメリカとがいずれ世界の覇者を目指して世界最終戦争を戦い、世界一の強国がいずれかを決める。この世界最終戦争が終わった後は、世界は平和になる」という内

容だった。

石原はこの構想のもとに、「日本は資源の獲得のため、またアジアにおける戦略的地位の確保のために満蒙を所有しなければならない。世界一を目指さないのなら、満蒙を所有する意味はない」と主張した。

石原が関東軍の幹部だった一九三一年九月一八日に、石原と板垣征四郎の謀略によって柳条湖事件が起こり、これが満州事変となった。一九二八（昭和三）年一〇月、石原は「満蒙の所有がすべての国策の基本」と主張した。石原は「日米最終戦争のためには、日本はソ連を倒しておくか、支配下におくかしておくべきであり、そのためにも満蒙所有は絶対に必要だ」と主張していた。

石原は一九三三（昭和八）年一月、満州から東京の参謀本部に移ったが、石原とは犬猿の仲と言われた東条英機が力を増して台頭するにつれて活動が低調となり、一九三七（昭和一二）年七月の盧溝橋事件を発端とする日中全面戦争への進展に際して、これを制止する動きを示したことで要職から外され、以後は重要な役割を果たさなかった。

石原構想は極めてスケールが大きく、彼は可能ならば日本、ソ連、中国が協力してアメリカの巨大な工業力、戦力と対抗すべきで、現実に日米最終戦争が生じた際には、日本は戦場を日本近辺に限定し、長期戦を戦い、世界的に植民地解放戦争として世界の世論を日本側に有利とするという構想を抱いていた。しかし、現実の推移は石原構想とは縁遠い線で動き、日本の悲劇を生んだ。

石原は戦後、戦犯の疑いで尋問を受けたが、戦犯とはならず、戦後四年を経過した一九四九（昭和二四）年八月一五日に病死した。

## 三　日本人の憧れを集めた満州と満鉄

日本の敗戦とともに、多くの悲劇を生んだ満州であるが、戦前、戦中の頃は満州は日本人の憧れを集めていた面があった。「人口過密で資源がない日本に比して、満州には広大な土地があり、資源もある」という期待感があったし、また、日本政府も積極的に満州への移住を推進していた。

アメリカの建国時代に東部の人たちがカリフォルニアやオレゴンなど西部諸州に憧れて、金鉱や資源の開発を目指して移住した時期があり、「西部はいかに開発されたか？（How the West was won?）」という表現はアメリカの歴史の中で重要な局面を示している。

多くの日本人は初めてアメリカのロッキー山脈や、テキサス、中西部の大平原を見て感激するし、また、夏季の晴天の日に広大きわまるシベリアの原野を航空機から眺めて感激するが、当時の日本人たちも、日本に比して平野が多い、広大な満州に憧れる気持ちは強かった。

大阪のアジア図書館には、満州に関する著書が多数あるが、満州について「地平線に赤い太陽が沈む」、「満天に輝く星」、厳密にいえば満州ではないが、租借地の大連は「アカシヤの樹木が多く、港が見える美しい街」、ハルピンは松花江に面した東洋のパリと言われるロシア風の街といった憧れの気持ちを生じるような魅力的な表現が使われていた。

その上に「五族協和」、「理想国家をつくる」といったスローガンが日本人たちの夢を呼んでいた。また、満鉄（南満州鉄道）はハルピンと大連とを結び、その特急「あじあ号」は高速で、設備は世界最高水準と見なされていた。満鉄は日本国内でも人気が高く、満鉄の株を買っておくのが最も賢明な投資だという期待感もあった。

満鉄は満州開発のための日本政府の機関という側面が強く、満鉄調査部には優秀な日本人たちが集まったと伝えられる。

満州での想い出を集めた書物の中に、「自分が乗っていた列車と現地人の少年が騎乗する馬が競走して、相当長い時間、列車と馬とが並行して走った」という記述があったが、このような光景が日本人の満州への憧れを招いたのだろう。

しかし、現実の満州は決して理想郷と言える状態ではなく、多くの問題を抱えて、迷走していた側面があったと言わざるを得ない。

## 四　満州は日本の生命線だったのか？

日中戦争が本格化した一九三七（昭和一二）年に生まれた私たちの世代にとって、幼少時であっても、満州が日本にとって極めて重要な地域だと認識されていたことを実感していた。なお、「満州」という語を中国国民は認めておらず、「偽・満州国」と呼ばれており、「中国東北部」という語を使うのが妥当であろうが、当時の日本でも、今日の日本でも「満州」という語が最も多く使われてきたので、この語を使うことにする。

満州が日本にとって生命線だという国家的なスローガンの故に、満州を守るために華北分離工作など日本側の工作が続き、結局、日中全面戦争へと発展し、日中戦争が最大の原因となって、日本が米英に宣戦し、太平洋戦争となり、日本人だけで三一〇万人以上の死者が生じるという大悲劇となった。

日本が満州への対処を誤ったために、日本の歴史上最悪の悲劇が生じたわけで、満州問題については戦後も各方面で論じられてきたが、改めて検討してみたい。

日露戦争の結果、日本に対して、いわゆる満蒙特殊権益が認められたが、これは具体的には遼東半島の租借権とハルピン—旅順間の鉄道の譲渡だけだった。この他に、日本には南部サハリンの譲渡、ロシア沿岸での漁業権が認められ、当時の日本の国力から考えて、満州についてはこの程度が妥当と見なすべきだろう。

しかし、日本の軍部はまるで満州が日本の領土になったかのように満州の経営について計画を進めた。満州は当時の清国の一部であり、ロシア、米、英の権益もあり、日本一国で満州を支配するのは無理だったと言えるかもしれない。

当時、国力の発展を目指す日本にとって満州は特別の意義をもっていた。軍部で天才的な戦略家と評されていた石原莞爾は、満州を日本が完全に支配し、満州で得られる資源を基礎にして、アメリカとの最終戦争の準備をするという構想をもっていた。

また、当時の日本は基本的に農業国であり、国土が狭く、人口過剰に悩む日本にとって満州は過剰人口のハケ口として最適の地域と考えられた。

日本国民の間でも広い土地がある満州への憧れは強く、満州へ行って良い暮らしをすることを夢見る「満州一旗組」という動きもあった。

しかし、もともと満州に住む漢民族の側で日本の満州進出に反対する動きが強く、反日の実力行使が多く起こったことは、ハルピンにある抗日記念館の展示が示す通りである。

日本が満州進出をして満州支配にこだわったことは中国国民全体から見て、日本による中国に対する侵略と見なされた。

アメリカなど、世界の主要国も日本の満州進出にきびしい批判をなし続けた。日本・中国の全面的戦争となった経緯を見ると、その発端は満州問題だったと見られる。したがって、満州あるいは満蒙全体を日本の生命線と見なした日本の基本戦略は日本の悲劇を招くことになったと言わざるを得ない。

## 五　石橋湛山の満蒙放棄論（一）を考える

戦前、戦中の日本で、私たち国民は「一つの国にとって、どれだけの領土と植民地を所有しているかは極めて重要な要素であり、領土、植民地、信託統治の領土、租借地は広ければ広いほど好ましい」と信じ込まされていた。

このような通念によって、日本人にとっては七つの海に植民地をもつ英国が羨望の的となり、日本による満蒙所有論も強く支持されたと考えられる。

ところが、言論界出身で、戦後の日本の首相の中では最高の知識人だと松山幸雄元朝日新聞論説主幹から評されている石橋湛山元首相は「広い領土をもったり、広い植民地を所有することは国にとってマイナスになる場合が多い」と主張して、満蒙放棄論と理解される主張をして注目されたのだった。

一九四五年八月一五日、日本にとって歴史的だった昭和天皇によるポツダム宣言受諾の放送は、私が聞いたところでは実に雑音が多く、聞きとりにくかったが、ともかく日本の敗戦宣言といってよい内容だった。正午にその放送が行われた後、石橋湛山は自分が経営責任者である東洋経済新報社の社員を午後三時に集合させて、「諸君！　新しい日本の前途は実に洋々たるものがあります」と宣言したのだった。

戦後の日本経済の復興のために大きな貢献をなした中山伊知郎氏は「すでにヤルタ会談の内容は八月一五日より前にかなりの人に知られており、日本の大人口を四つの島だけで養っていくのは大変だ」と考えていたと回想しておられる。

しかし、石橋湛山は「広い領土や植民地をもつことは国にとって経済的にマイナスとなる。日本は四つの島だけになって学問、技術、産業の進歩のために総力を結集すべきであり、そのような国策を採用すれば日本は発展する」と主張したのだった。

この石橋湛山の予言は、一九八五(昭和六〇)年頃、日本のGDPが世界第二位とされ、「ジャパン・アズ・ナンバー・ワン」と呼ばれるようになって、実現したと言えるのである。

石橋湛山の「小日本主義」とも言うべき思想をドイツ統一の原動力となったプロイセンの偉大なる宰相として今日のドイツでも尊敬されているビスマルクも抱いていたと言われる。ビスマスクは一国の領土が広くなって統治能力を超えるようになると危険な状態になると主張していた。

私の幼少の頃の記憶では日本は人口過密であり、領土、植民地を拡大することが絶対に必要だという考え方は国論といってもよいほど確立していた。

しかし、石橋湛山のような考え方に当時の日本人たちが注目していたら、日本が満蒙所有にこだわって、最終的に大きな悲劇を呼んだ歴史を回避できたのではないかと考えるのである。

## 六　満州国に対する中国国民の怒りが高まる

日本側は満州国の発足を後押しして、「日満親善」、「五族協和」などのスローガンを掲げたが、中国政府は満州国を偽国と見なして対応したし、満州国内の中国系国民による抗議の行動も頻発した。

一九三一（昭和六）年、黒龍江省の代理主席である馬占山が指揮する中国軍は関東軍に頑強な抵抗をして、戦闘は数カ月間に及び、関東軍はやっとチチハルを占領した。

一九三二（昭和七）年九月の平頂山事件は、抗日ゲリラに撫順炭坑事務所を襲撃された関東軍が報復として、平頂山村の村民約三千名を凹地に集結させ、銃撃によって村民全員を虐殺した、いわばポーランドでのカチンの森の虐殺の満州版ともいうべき凶行であった（二）。

日本の満州進出により、満州の中国系住民は日本人に供出するための土地の取り上げ、日本人優遇、日本の官憲による弾圧に対して強い反感を抱くようになった。

特に、満州に進出した日本人の多くが民族的優越感情を抱いて満人を見下す態度を取り、満人を怒らすケースが多かったことが多数の満州経験者によって語られている。

パーティーなどの席で日本人には白米が出され、満人にはコーリャンが出されるような差別が生きていたとの報道が多い。

すでに日露戦争が終わった頃から満州を含む中国全体を日本の軍事的支配下に置こうとする陸軍の動きは活発化していた。

一九一三（大正二）年九月五日、阿部守太郎外務省政務局長が自宅前で暴漢に襲われ、殺害された。阿部を殺害した若い暴漢は四日後に自決した。

阿部局長は「満蒙問題を領土を取得することで解決しようとすれば中国のみならず、英、露、仏、米などを敵にすることになるから、領土取得を意図せず、現在の我が国の地位を基礎にして経済的、平和的に満蒙問題に対処すべきだ」と主張するとともに、「外交のことは外務省を窓口として一本化して対外折衝に当たるべきだ」と主張していた。

これに対して阿部のような方針を軟弱外交と批判し、非難する声も強く、暴漢により阿部局長が殺害される結果となった。

別の視点からの議論だが、日本の満州進出に関して、日本は英国とは異なり、植民地経営の経験に乏しかったから、満蒙問題への対処が拙劣だったという意見もある。

英国のインド政策は総括的に見て成功だったとの見方が強い。英国のインド政策は巧妙で、私の国際機関での経験から見て、インドの支配階層はイギリス人に親しい感情をもっている。イギリス人も明らかにインドの支配階層に親近感をもっている。

イギリスはインドとの関係を重視し、イギリス人である程度以上の資産をもつ者にしかインドへの移住を許さなかった面がある。

インドは支配階層の力が強いカースト社会であり、インドの支配階層にとってイギリスの施政は有益な面があったのではないか。

イギリスの植民地政策は民主的で、日本の植民地政策は抑圧的だとは絶対に言えないと思うが、経験の差からくる巧拙の差はあったと思う。

## 七　日本はリットン調査団の勧告に従うべきだった

中国政府は日本の満州進出に抗議し、国際連盟による日本制裁を主張した結果、国際連盟は調査団の派遣を決議し、一九三二（昭和七）年一月、英国人リットン卿を団長とする調査団が派遣された。

リットン調査団は七カ月間にわたる調査に基づき、同年一〇月二日、調査結果を発表したが、その主な内容は次の通りだった。

「満州の主権は中国に属すること。満州事変の発端となった柳条湖事件（一九三一・九・一八事件）は日本の自衛手段とは認められないこと。満州国は日本の軍隊と文武官憲の活動が最も大きな寄与をなして構成されたもので、現在の満州国の政権は真正、自然の独立運動によって生まれたものとは認められない」

この結論は日本側の主張を退けるものだが、「日中間に新通商条約を締結し、通商関係を公正な基礎に置き政治関係の改善と一致させることが望ましい」、「中国における政治的不安定が日本との友好関係の障害になっているので、中央政府を強固にするため、中国の内部建設にたいして国際的に協力する」、「国際連盟理事会後援のもとに、東北に日中両国政府代表ならびに住民代表からなる顧問会議を招集し、その建議をまって中国政府は東北地方に特別行政組織を構成することを宣言する」といった提言は日本の主張にも配慮し、日本にとって有利とも考えられる側面を含んでいた。

中国国民政府の代表者、蔣介石は「一部に修正を求めたり、受け入れを留保する箇所はあっても、報告書全体を拒否はしない」という意向だったと伝えられる。

日本側はリットン報告書全体を強く非難し、国際連盟理事会で報告書について審議されている間にも軍は熱河に進出し、山海関を占領するに至ったので、報告書に関する特別委員会は日本軍が満鉄付属地へ撤退すること及び満州に対する中国の主権を承認する勧告案を四一対一という大差で可決した。この日、一九三三（昭和八）年二月二四日、日本の松岡洋右代表が歴史的な退場をして、日本は国際連盟から脱退し、国際的な孤立へと歩むことになった。

松岡洋右は一躍、日本の英雄のように取り扱われるようになったが、松岡代表の行動は日本の大悲劇への道を切り開いたことになった。

当時の日本の軍事力はアジアでは最強であっただろう。しかし、総合的な国力という点では、中国を支援する傾向を強めつつあった米国、あるいは米国と連携する英・仏などを加えた連合国の力にははるかに及ばなかっただろう。

この点を冷静に考慮すれば、日本は強硬路線を走り続けることなく、リットン報告書の勧告を重視する態度を示す方が賢明だったと判断されるのである。

## 八　日中戦争の長期化──日本を悩ます

一九三一（昭和六）年九月の柳条湖事件以後、日本軍は満州のほとんどの主要都市を制圧したほか、西部の錦州も爆撃して勢力を拡張し、一九三二（昭和七）年三月一日、満州国を発足させた。

その後、一九三三（昭和八）年には満州の西に隣接する熱河省をも制圧した。そして一九三三（昭和八）年五月には中国側と塘沽停戦協定を結び、華北を中立的な区域とすることに成功し、これにより満州国の中国からの独立が認められたような印象を世界に与える結果となった。

さらに、一九三五（昭和一〇）年五月、東北五省を国民政府の支配から離脱させようとして親日的政治家の協力を得て、東北五省自治運動を組織した。

その後、日中間で激しい戦闘は見られなかったが、一九三七（昭和一二）年七月七日、北京郊外の盧溝橋（マルコポーロ橋）附近で軍事訓練中の日本軍に対して何者かが発砲する事件が起こり、当初は大事件に発展するとは考えられず、現地での解決が成立したかに見られたが、上海、南京へと拡大して、結局一九四五（昭和二〇）年の日本のポツダム宣言受諾まで日中戦争が継続することになってしまった。

日中戦争は一九三一（昭和六）年九月の満州事変（柳条湖事件）から数えると大戦争が終結した一九四五（昭和二〇）年まで一五年も続いた。そして、重要なことは日中戦争が原因となって米英を主力とする連合軍との大戦争が起こり、日本民族の最悪の悲劇がもたらされた事実である。

日中戦争を終結させようという努力は日本側からも何度も行われたし、親日的な傾向があったグルー駐日・米国大使及びクレーギー駐日・英国大使によっても前向きな姿勢が示された。しかし、日本政府や軍部の「支那に頭を下げる必要はない」という風潮が障害となって多くの試みが結実しなかったのである。

**注**

（一）田中秀征『日本リベラルと石橋湛山』講談社、二〇〇四

（二）山室信一『キメラ――満洲国の肖像』中央公論新社、一九九三

# 第三章　悪魔のような征服者・ヒトラーと提携した日本

## 一　ドイツ国民を怒らせたヴェルサイユ条約

第一次世界大戦は一九一四年六月、サラエボでのオーストリア国の皇太子夫妻暗殺事件をきっかけとして起こり、四年以上続いて一九一八年一一月、ドイツ皇帝退位、ワイマール共和国（仮政府）樹立、休戦条約締結により終結したが、ドイツ軍が完全に敗退したというよりは、ドイツ内部の分裂で戦争に敗れたという面もあり、ドイツ国内部は、内乱状態とも言えるような不安定な状態となった。

ドイツのホーエンツォレルン王朝は崩壊し、ドイツはワイマール共和国となったが、イギリス、フランスなど戦勝国によるドイツ（ワイマール共和国）に対する過酷な賠償の要求はドイツ国民全体を怒らせた結果となり、一応、ドイツは全く不服なムードいっぱいの状態で一九一九年六月二八日、平和条約（ヴェルサイユ条約）に署名し、条約は成立したが、国際平和を維持する上からはヴェルサイユ条約は不安定の根源となるような存在となった。

勝利国側の代表者だったフランスのクレマンソーも、イギリスのロイド・ジョージも、この際ドイツを再起不能なまでに徹底的にたたいておく必要があると考えて、過酷な条件をドイツに課そうとしたのだった。

その内容は、アルザス・ロレーヌ（ドイツ西南部の地域）をフランスに、ドイツ領の一部をベルギーに、シュレスヴィクの一部をデンマークに移すとともに、かつてドイツがポーランドから得た地域をポーランドに返還すること、戦争責任者約八〇〇名の連合国側への引き渡しのほか、過酷な賠償金を取り立てることなどであった。

とりわけドイツ国民を怒らせたのはドイツの軍備を強く制限することで、これによりドイツは対外的に全く無力な国になってしまうと考えられたのだった。

ドイツがアドルフ・ヒトラーという予想外の強引な指導者の出現によって再び強国となり、ヒトラーの政権獲得後一二年にしてまたも敗戦国となったことを考えると、ドイツとしてはワイマール共和国の体制をとって、スイス、スウェーデン的な中立国のような生き方を取る方が良かったと言えようが、現実はヴェルサイユ条約への対応をめぐり、国論は分裂し、極めて不安定な国内政治が続いたのである。

## 二　ヴェルサイユ体制の下で、ヒトラー政権まで続いたワイマール体制

第一次世界大戦でのドイツの敗戦の結果、ドイツに出現したワイマール体制は、第二次世界大戦後に日本でいわゆる平和憲法（現行憲法）が制定され、片山哲という高潔な人格者で平和主義

者である人物を首班とする社会党政権が誕生したが、これに似た体制だったようにも感じられる。

ライプチヒの西南方で、チューリンゲンの森の北方に位置する静かな、小さな都市であるワイマールで採択された憲法を持つドイツの戦後体制は、次のような特色をもっていた(一)。

○ドイツの主権は人民より発する(国民主権)

○すべてのドイツ人は法の前に平等

○個人的自由は不可侵

○国民は信仰と良心の完全な自由を保証される

○男女とも二〇歳で投票権を与えられる

なお、第二次世界大戦後、日本で制定された新憲法(現行憲法)はワイマール憲法に似た要素を含んでいると評されている。

ワイマール共和国はヴェルサイユ体制に対するドイツ国民の不満にゆれながら、左右の対立の中で何とか継続したが、発足後一四年にしてヒトラー体制にとってかわられた。

ワイマール発足後、ドイツは大混乱の中にあっても主としてアメリカからの巨額の外資導入によって、ドイツ経済は支えられていた。

しかし、有名な一九二九年以降の世界恐慌によって、記録的なすごいインフレ、巨額の対外賠償にドイツは耐えられなくなった。

このようなドイツの大苦況の時、ヴェルサイユ体制を攻撃することで勢力を伸ばしてきたヒトラーがひきいるナチ党に絶好のチャンスがやってきたのだった。

## 三　ウィーンの浮浪者、アドルフ・ヒトラーの台頭

ヨーロッパのみならず、世界の歴史に大波乱をもたらしたアドルフ・ヒトラーは一八八九年四月二〇日、オーストリア領内でドイツとの国境をなすイン川に面したブラウナウという町で生まれた（一般的にブラナウと呼ばれているが、現地ではブラウナウと呼ぶ例が多いようだ）。ブラウナウはザルツブルグとウェルズの中間あたりに位置している。

私はウィーン勤務の時にブラウナウを訪れて、ヒトラーの両親が結婚式をあげたという教会や、ヒトラーが誕生した建物を見学したことがある。ヒトラーが生まれた建物は質素なつくりで、これまでアパート、宿屋、小学校などとして使われてきたようだ。

ヒトラーの父親のアイロス・ヒトラーは私生児で、離婚歴が三回あったと言われ、国境の税関の役人だったという。子供の頃のヒトラーはパッサウやリンツでも生活している。ヒトラーは父親が死去した後、最愛の母クララとともに暮らしていたが、一九〇六年から一九一三年まで七年間、ウィーンで生活した。ヒトラーがウィーンに出て二カ月後、母クララは死亡した。

ヒトラーは画家、美術家志望で、ウィーンで二度にわたり美術学校に入学すべく受験したが、二度とも不合格になった。しばしば、もしヒトラーが美術学校の入試に成功して画家になっていたら、世界の歴史は変わっていただろうと話されるのである（二）。

一九一三年まで、約七年間のヒトラーのウィーンでの生活は本人自身がわが生涯最悪の時期と言ったほどで、生活に困り、貧困者を収容する男子簡易宿泊所などで暮らし、慈善給食所に出かけていた。

ウィーン最高のホテルとして有名なインペリアルの玄関で、ヒトラーが雑役のような作業をしていた時、この有名なホテルに到着する有力者に作業中のヒトラーが頭を下げて敬意を表しても、誰一人としてヒトラーに気をくばる人はなく、自分は完全に無視されたとヒトラーは回想していた。

ヒトラーがウィーンで生活していた七年間はハプスブルグ王朝の末期で、繁栄していた国が衰えていく独特の魅力と陽気さをそなえていた頃だったという。

ヒトラーはウィーンでの七年間、図書館などで徹底的に読書したようだ。そしてドイツ、オーストリア、チェコスロバキアなど、ドイツ系国家が一つになるべきだとの考えをもつに至ったようだ。また、ウィーンの経済界がユダヤ系資本に支配されている実情を見て、反ユダヤ感情を抱くに至ったという。

一九一三年五月頃と推定されているが、ヒトラーはウィーンから、ドイツ南部でバイエルンの中心、ミュンヘンに移住した。そして約一年後、一九一四年七月、第一次世界大戦の勃発とともに、志願兵としてドイツ軍兵士となり、戦場におもむいた。

## 四　ナチ党とは何だったのか？

私は一九六三年の夏、ナチ党発祥の地、ミュンヘンに三日間滞在したことがあった。雨の日が多かったが、緑と公園が多いミュンヘンの町の美しさに強い印象を受けた。

その後、ウィーンで生活していた頃に、何回かミュンヘンを訪れたことがある。一度、ミュンヘンの鉄道駅を出発するヒトラーとナチ党ゆかりの地域と建物を訪れる三時間ほどのツアーに参加して、ホーフブロイハウス（ミュンヘンの代表的なビヤホール）の近くにある初期のナチ党の連中が集っていたアジトがあったという路地を見学したこともある（三）。

一九一九年九月、ドイツの敗戦でショックを受けた状態だったヒトラーはミュンヘンの部隊に帰り、陸軍の政治部から「ドイツ勤労者党」という小さな政治団体について調べるように命じられた。

この陸軍政治部の命令がヒトラーがドイツ勤労者党に入党し、やがてナチの指導者に、そしてドイツの最高指導者となるキッカケとなったのだ。

その頃のドイツでは、政治不安の中で、このような小さな政治団体が数多く結成され、思い思いに活動していた。

ドイツ勤労者党の指導者はドレクスラーという錠前づくりを職とする人物だった。鉄道工場で働いていた。

ヒトラーの意見に感激したドレクスラーがドイツ勤労者党のパンフレットをヒトラーに手渡した。

ヒトラーのドイツ勤労者党における活動が初めから順調に進展したのではない。ヒトラーはある会合のために八〇枚の招待状を出したが、来てくれる者はなく、もとのままのメンバー七名しか集まらなかったと回想している。しかし、ヒトラーは四時間もの長時間の演説をやってのける能力を有していた。ヒトラーの演説のすさまじさは私たちの年代の者は記録映画などで見る経験を有している。

一九二〇年、ヒトラーが属する党はドイツ社会主義勤労者党と名を変更した。ヒトラーの党の主張の要点は、
①大ドイツ主義
②反ユダヤ主義
③ヴェルサイユ条約破棄
にあった。

なお、ヒトラーの党の特色は暴力主義で、政見が異なる党の会合を暴力で妨害することも党の戦術であった。

ヒトラー個人の弁舌の力と不屈の精神がドイツ社会主義勤労者党を大きくした。背景にはヴェルサイユ条約反対というドイツ国民の世論があったと言える。

ヒトラーが入党した、この小さな党に注目すべき二人の人物がいた(四)。

ディートリッヒ・エッカルトはヒトラーよりも二一歳も年長で、いわばナチ理論の指導者で、ヒトラーの才能を認めてヒトラーの活動に期待していた。ヒトラー自身もエッカルトを高く評価していた。エッカルトはアルコール依存症の傾向があり、一九二三年過飲で死去した。

エルンスト・レームは党員としても、軍隊内の経験もヒトラーよりも先輩であり、初期にはヒトラーを指導する立場にあった。レームは下層階級の出身で、下層階級の力で社会改革ができると考えていた。レームは後に、ヒトラーがドイツの首相になった翌年の一九三四年に、レームの力を恐れたヒトラーによって処刑される運命をたどった。

初期のヒトラーの大きな失敗とされるのが一九二三年一一月八日のビヤホール・プッチ（暴動）の失敗である。この日、ミュンヘンのビュルガー・ブラウケラーというビヤホールはヒトラーのナチ党員たちに取り囲まれ、場内でヒトラーは国家革命が実現したと宣言した。

しかし、このビヤホール・プッチは時期尚早であり、完全な失敗に終わった。ヒトラーはラントスベルグの監獄に収監されたが、待遇は非常によく、いわばVIP待遇だった。ビヤホール・プッチの失敗は、ヒトラーの名を全ドイツに知らしめて、彼を勇敢な愛国者のように仕上げた面があった。この監獄の中でヒトラーは、世界的に有名になり、日本でも出版された『我が闘争』という自らの主張を披瀝する本の原稿を口述して作りあげたのだった。

その後も、ヒトラーとナチ党には人気が落ち込み、選挙で党選出の国会議員数が減るような危機もあったが、ついに一九三三（昭和八）年一月、ヒトラーは首相に任命され、ドイツの最高指導者となったのであった。

## 五　ヒトラーの強烈な拡張政策

一九三三（昭和八）年一月三〇日、ドイツ首相となって以来、ヒトラーは政権の独裁化、軍事力強化、領土拡張へと積極的な政策を推進した。

同年三月には議会でヒトラーに対する全権賦与法が可決され、ヒトラー独裁体制が強化された。同年一〇月、ドイツは国際連盟から脱退した。

一九三五（昭和一〇）年ニュルンベルグ法が成立し、ユダヤ人迫害が強まった。

一九三六（昭和一一）年三月、ドイツ軍はドイツ領であるがフランス軍の占領下にあったラインランドに進駐し、ライン川の西側のアーヘン、トリール、ザールブリュッケンなどの重要地域を取り返した形となったが、連合国側の反対行動はなく、ドイツにとって大成功と言える成果となった。

同年八月、ベルリン・オリンピックが開催され、世界各国がナチ体制下のドイツの発展ぶりを認識するムードとなった。このオリンピックでは日本の前畑秀子選手が水泳（二百メートル平泳ぎ）で優勝し、日本中が熱狂した。河西三省アナウンサーの応援は有名になった。

一九三四（昭和九）年以降、ドイツは軍備強化をはかり、ヴェルサイユ条約侵犯を気にしない態度をとり続けた。

そして一九三八（昭和一三）年三月ドイツはドイツ語圏にあり、民族的にも近いとされるオーストリアを併合する動きに出て、いわゆるアンシュルス（併合）に成功し、オーストリアはドイツの一部となった。

私がウィーンで生活していた時、ウィーン人たちは「アンシュルスはドイツの強制の結果で、オーストリア人の本意ではなかった。諸悪の根源はアンシュルスにある」と主張していたが、客観的に見てオーストリア側にドイツとの併合を希望する声があったことも事実である。しかし、オーストリアのシュシュニック首相（当時）が「合併の是非を国民投票にかけよう」としたのに、ドイツ軍は強引にオーストリア国内に侵入し、ウィーンを占領する形となり、その後、行われたアンシュルスの是非を問う国民投票では圧倒的にアンシュルスが支持されたが、官憲による監視があったとの批判も強かった。

ドイツの経済政策は統制色が強い強制的な政策となり、アウトバーン（高速道路）の整備、フォルクスワーゲン（国民用自動車）の配給など、日本でもおおいに好意的に報道されたが、現実は自動車は軍事用にまわされ、国民は国債の購入、ナチ党への献金、強制保険への加入が課された。決して、ナチの経済政策が成功しているわけではなかった。

ヒトラーの国外領土取得の目標はチェコスロバキアに向けられ、ズデーテンランドのドイツへの割譲が大きな問題として登場した。

## 六　ミュンヘンの譲歩——チェンバレン英首相に責任あり

第二次世界大戦が終わった後、世界中がこの悲惨きわまる大戦争をふり返った時、英仏側のヒトラーに対するミュンヘン会談での宥和、譲歩がヒトラーとドイツの力を強くする結果を招いたので、失敗だったという反省の声が沸きおこった（五）。

一九三八年九月のミュンヘン会談を回顧すると、この年の三月に、ドイツはアンシュルス（併合）によりオーストリアを併合してその領土を広げたが、次の要求としてチェコスロバキアのズデーテン地方のドイツへの「復帰」を取りあげたのである。

ウィーンに住んでいた私が経験したことだが、オーストリア、チェコスロバキア、ハンガリー、旧ユーゴスラビアの地域は人種が複雑に入り組んで生活しており、例えば、ウィーンにもチェコ系、ユーゴスラビア系、ハンガリー系の市民も見かけられた。

問題となったチェコのズデーテン地方はチェコとドイツとの国境地帯で当時、チェコ側となっていた地域で、ヒトラーは「ズデーテン地方のドイツへの復帰」という表現をしたが、ズデーテンはドイツ系住民が多い地域であっても、それまでドイツに属したことはなく、オーストリア領だったことがあるだけだった。

一九三八（昭和一三）年五月、ドイツはズデーテン地方への軍事的侵入を企図したが、この時は実現しなかった。また、この頃、ドイツ内部でこのままヒトラーにドイツの運命をゆだねることは危険だとして、反ヒトラーの陰謀が地下で動いていたのだった。その後、チェコスロバキア政府はズデーテン地方の自治権の拡大という方針でヒトラーの要求を収拾しようとしたが、ヒトラー・ドイツ政権はズデーテン地方のドイツへの復帰、ドイツ軍のズデーテン進駐という要求を主張し続け、世界は世界大戦への恐怖におののいた。

チェコスロバキア政府は全軍に動員命令を出して戦う姿勢を示したり、フランス国内にも、英国内にも、ドイツの要求を受け入れることに反対する声はあった。

しかし、ヨーロッパ全体から見れば、ズデーテンはチェコスロバキアの一つの地域に過ぎない。一つの小さな地域に過ぎないズデーテンの問題で、大規模な戦争を起こすことは愚策ではないかという声もあったことだろう。

ネヴィル・チェンバレン英首相とヒトラーとは、ミュンヘンでの最後の会合となった一九三八（昭和一三）年九月二九日から会合を行い、フランスのダラディエ首相、イタリアのムッソリーニ首相をまじえた会合において、ヒトラーの要求がほぼ全面的に認められる結果となったのだ。

この結論に至るにはチェンバレン英首相がヒトラーの要求を受け入れる方向性で調整し、説得したことがミュンヘンの譲歩を実現する原動力となったと言えるのである。

チェコスロバキアのズデーテン地方のドイツへの割譲の後、周辺国からチェコの領土割譲を求める動きもあって、チェコが解体されるような結果となった。これにより、ドイツの欧州東部への影響力は高まった。

チェンバレン英首相はミュンヘン会談を終えてロンドンに帰った時、「戦争を回避した！」としてイギリス国民から大歓迎された。歴史家の中には「チェンバレンの譲歩は戦争を避けた点で正しく、その翌年、欧州で第二次世界大戦が起こったのは、ヒトラーとドイツ政権に責任がある」と論ずる向きもある。

しかし、チェンバレン辞任のあと、英国首相として第二次世界大戦を戦ったウィンストン・チャーチルはミュンヘン会談について「我々の完全な敗北であり、中部ヨーロッパからドナウ川沿いのすべての国々がナチの組織にくみ入れられるだろう。そして、この動きは終わりではなく、今始まったばかりなのだ」と英国下院でのスピーチで警鐘を鳴らした。

戦後、ドイツ戦犯をさばいたニュルンベルグ裁判で、ドイツ軍の最高司令官でヒトラーに極めて忠実だったカイテルなど独軍幹部は、「ミュンヘン会談の時、もし英、仏、チェコなどが我々（ドイツ）に戦争を仕掛けていたら、ドイツは完敗していたでしょう」と告白したのだった。

これらの事情から、チェンバレンのミュンヘンでの譲歩は失敗だったと見なすのが大勢である。

## 七　「ドイツに続け！」日本でドイツ熱が起こる

私の幼少の頃から、第二次世界大戦のドイツ敗戦に至るまで、日本の社会でドイツを賛美するムードが非常に強かったことを記憶している。

一九三六（昭和一一）年に日独防共協定が結ばれたのに続き、長い間の議論を経て一九四〇（昭和一五）年九月、日独伊三国同盟がベルリンで調印された。

私は幼稚園児だった一九四三（昭和一八）年の頃、幼稚園で日独伊同盟を賛美する歌を歌った記憶がある。

一九三六（昭和一一）年夏、ベルリンでナチ・ドイツの成果を示すベルリン・オリンピック大会が開催され、ドイツ人は得てして組織力に優れているので、オリンピック開催も大成功だったと評された。私はベルリン・オリンピックの記録映画を見たが、日本の水泳の前畑秀子選手が優勝したほか、マラソンでは日本の孫選手が一位に、金選手が三位に入賞した。朝鮮半島出身の孫選手が日の丸を無視したという説もあった。

日本のドイツ熱の基盤は日本陸軍にあったと思う。当時、ベルリンには日本の陸軍軍人が大勢留学していたと伝えられる。ナチは暴力を背景にして政権を取るに至ったとも言われるが、日本の軍部独裁と言えるような体制は、特高警察、憲兵、思想刑事など、国民を軍事強国への献身に追いやる結果となり、これはドイツでのナチ独裁体制を見習うべきとする、日本の軍部の目標と一致したのだった。

当時の日本で、新体制とか統制経済といった新しい方向性が叫ばれていたが、「ナチ・ドイツの成功に学べ！」というムードが原動力になっていたと思う。ドイツも日本も「持たざる国」であるが、全体主義的で、統制経済的な手法で「持てる国」に打ち勝とうというムードが強かった。大島浩中将のように、永年にわたってドイツ駐在武官や駐独大使をつとめ、ヒトラーやリッペントロープなどナチ幹部と親密になった人物が日本人にドイツ熱を吹きこんだ影響も大きかった。

一方、ドイツ側としても、日本と提携するメリットはあったと思う。私のウィーンでの経験から見て、ドイツ系民族は特に日本人と親しくなる傾向を持っていないと思う。むしろ、日本人にとっては、アメリカ人相手の方がつき合いやすいと思う。

当時、ドイツはソ連とは第二次世界大戦の寸前に中立条約を結んでいたが、二年後には対ソ開戦をしたように、ソ連は敵になりやすい強国だった。また、ドイツにとってアメリカも潜在的な敵性国家だった。日本がソ連、アメリカの対抗勢力となってくれることはドイツにとってメリットであった。

事実、ドイツは日本にオットーとか、ウッドヘッドといった有力な人物を送りこんで、日本をドイツにとっての同盟国、あるいは米ソを牽制する存在であらしめるよう努力した。

しかし、日本にとっては、当時の交易の状況や、国際政治の動きから見て、米英との友好こそ大事にすべきであったことが戦後における反省の中で論じられている。

この意味で、「ドイツに続け！」というムードは日本に大きな悲劇をもたらす一因となったと考えられる。

## 八　第二次世界大戦起こる！――ドイツ軍の快進撃

アドルフ・ヒトラーはドイツの何回も続く領土的要求の際に、「ドイツの領土的要求はこれが最後である」と言い続けたが、次々と新しい要求を持ち上げた。そして、最後の要求となったのがポーランドのダンチヒ回廊だった。ダンチヒ回廊とはドイツ本土と東プロイセンとを結んでいた部分でポーランド領中立地帯であったが、ドイツがかねてからドイツへの「復帰」をもくろんでいた部分だった。

一九三八（昭和一三）年以降、ドイツはポーランドにダンチヒ回廊の「返還」を求めていたが、ポーランド側が否定的な態度であったので、一九三九（昭和一四）年九月一日、ドイツ軍はポーランドに侵入した。英、仏はここにきて、ドイツの拡張政策をこれ以上は認められないとして九月三日、ドイツに対して宣戦を布告し、ここに第二次世界大戦に突入した。

イギリスでは開戦した日に、ウィンストン・チャーチルが海軍大臣に復帰した。そして、翌年、一九四〇年五月にはチャーチルは英国首相となり、連合軍側の指導者としてドイツの攻撃から英国と連合国側を守るための指導者となった。

開戦から翌年、一九四〇（昭和一五）年四月頃までは、戦争は不活発な状態のまま推移したが、一九四〇（昭和一五）年四月初旬、ドイツ軍はデンマークとノルウェーで攻勢に出た。ドイツは「英国という強盗からスカンディナビアを守る」という理由をあげてデンマーク、ノルウェーを攻撃し、デンマークはほぼ無抵抗でドイツに降伏したが、ノルウェーでは戦闘が起こった。ノルウェーの海域で英独両海軍は戦い、ドイツ海軍の被害は大きかった。この事実は、後にドイツが英国征服のために英国上陸を行おうと企図した時に、障害となった。ノルウェーはドイツに占領され、ノルウェーのクヴィスリングという軍人あがりのナチ協力者が親ナチ政権の首相となった。

一九四〇（昭和一五）年五月上旬、ドイツ軍はオランダとベルギーを征服してフランスへの道を開いた。

この際、同年五月、フランス北部でベルギーとの国境に位置するダンケルクに、三三万人といわれる英仏など連合軍兵士がドイツ軍に包囲され、立ち往生する事件が起こった。ドーバー海峡（英仏海峡）をへだててイギリスに脱出するには約四〇キロメートルも海上を輸送しなければならない。もしも、この時に三三万人もの連合軍兵士がドイツ軍によって全滅させられたら、その後の戦争の行方にも相当に大きな影響が生じただろう。

しかし、この時、有名な「ダンケルクの奇跡」が起こった。ヒトラーの命令でドイツ軍はダンケルクの連合軍兵士を追撃することを中止したのだ。

この間に、イギリスが漁船まで集めて総動員した船舶の活躍で、ダンケルクの連合軍兵士は九死に一生を得てイギリスの海岸に逃げることができたのだった。ドイツ軍にとっては大きなチャンスを逃したことになった。

この奇跡の原因は、それまで独空軍の活躍の場がほとんどなかったので、空軍元帥のヘルマン・ゲーリングが「最後の始末は空軍にやらせよ」と要求したのでヒトラーは承諾したが、独空軍が出動しなかった故だと、ほぼ断定されている。

独軍はパリへの快進撃を続け、六月一四日、パリに入城し、六月二一日、コンペーニュの森でフランス降伏の式典が行われた。

このようなドイツ軍の驚くべき快進撃を見て、日本では、「バスに乗り遅れるな!」という大合唱が起こり、この機会に日本も行動を起こすべきだという主張が高まった。

ドイツの次の目標はイギリス征服だったが、これは思うようにはいかなかった。

## 九　バトル・オブ・ブリテンとバルバロッサ――ドイツを敗戦に導く(六)

ドイツと英仏側との戦争でヤマ場となり、優勢だったドイツ軍が英国に勝ち切れなかった決定的な戦闘となったのが、バトル・オブ・ブリテン（英国の戦い）であり、また、ドイツを破滅に導く大きな要因となったのがバルバロッサと呼ばれた、ソ連との戦いであった。

第二次世界大戦でドイツがヨーロッパのほぼ全域を占領し、島国であるイギリスだけがドイツによる征服からまぬかれて独立を守る状態であった。イギリス本国とヨーロッパ大陸との間にあるドーバー海峡（英仏海峡）を私は八回ほど船で渡ったことがあるが、地図の上では狭く感じられるが、せまい所でも四〇キロメートルほどの距離があり、船では二時間以上かかり、海底トンネルを列車で通ると三〇分程度かかったと思う。

ドイツは海軍力が弱く、まず空軍の力でイギリスを屈服させようとして、一九四〇年七月から年末にかけて、占領しているフランス、ベルギーなどの基地から、主としてロンドンなどイギリス各地を爆撃するために、戦闘機に守られた爆撃機を送り込んだ。

このドイツ空軍（ルフトワッフェ）と英国空軍（R・A・F）との戦いは激烈なもので両国が死力を尽くして勝利を目指した。このバトル・オブ・ブリテンと呼ばれた英国上空での戦いの経過は簡単には説明できないが、最終的には英国側の勝利という形となり、ドイツ空軍はイギリスへの攻撃を中止することになった。

古い伝統を誇るイギリスの力が辛うじて、新興勢力であるドイツの攻撃に耐えた結果となったが、戦術的にイギリス側のレーダーの力によってドイツの戦闘機や爆撃機の行動が詳しく把握できたこと、また、ドイツ空軍の最高指導者、ゲーリング元帥の作戦の失敗が原因になったと言われている。

イギリス征服計画を中止したヒトラーは、一転してソ連を征服することを目指した。ソ連とドイツとは第二次世界大戦が始まる一週間ほど前に不戦条約を結んでいたのに、ヒトラーはソ連がバルト三国やバルカンで勢力拡大を実現したことなどに立腹して、ソ連をやっつける気を起こしたようである。

ドイツ軍内部では多くの幕僚がヒトラーのソ連攻撃計画（バルバロッサと呼ばれた）に反対したにもかかわらず、ヒトラーはソ連攻撃計画を断念せずに、ついに一九四一年六月二二日、ドイツ軍はソ連に攻め込んだ。これは世界中に大きな衝撃を与えた開戦だった。

ソ連領内でのドイツ軍の進撃は当初の計画よりは遅れたが、それでも一二月の初め、日米開戦が迫っている時には、ドイツ軍はモスクワの寸前に迫り、望遠鏡でモスクワ市内を見ることが可能な地点まで進出していた。

しかし、この運命的な局面から、ソ連軍は総帥のジューコフ元帥の指揮下、モスクワ前面で強烈な反撃に出て、折からの「冬将軍(七)」の影響もあって、ドイツ軍は総倒れとなって敗走する事態となり、ヒトラーは日米開戦と同じ頃に、独軍のモスクワ近辺からの退却を認めた。

これを機に、バルバロッサ計画は行きづまり、ドイツ軍はソ連軍の新しい攻勢に押しまくられるケースが多くなってきた。明らかに潮目は変わったのだった。

## 一〇　あまりにも早かったナチスの滅亡

栄枯盛衰は世の常とは言え、「千年は続く」とナチス幹部が自信たっぷりだったのに、ナチス・ドイツはヒトラーが政権を取った一九三三年から僅かに一二年後の一九四五年に滅亡したのだった。

第二次世界大戦の真っ只中の一九四二年の九月頃、地中海の沿岸はほぼすべてドイツ及びイタリア軍が占領していたし、ノルウェー北端からボルガ川が注ぐカスピ海のあたりまで、ドイツ軍が展開していたといってよい。

しかしながら、アメリカ、イギリス、フランス、ソ連などの連合国の力は結局はドイツ、イタリア、そして日本という全体主義国家グループの力を上まわったのだ。ドイツ没落への転機は意外に早くやってきた。

一九四二年一〇月、エジプトのエル・アラメインの戦闘で、ドイツ軍の名将で、その天才的な軍事的才能が敵側のチャーチル英首相からも賞賛されたロンメル将軍のひきいるドイツ軍はイギリスのモントゴメリーという有名な将軍のひきいる軍に敗れる結果となった。ロンメル軍がもしもエジプトでの攻勢に成功してエジプトを占領していれば、その軍事的影響は絶大であったろう。しかし、補給力など総合的な軍事力でドイツ側は連合軍に及ばなかったのだ。この頃から地中海で英米連合軍の活動が活発となってきた。

続いて一九四二年一一月、カスピ海西北方のスターリングラード（現ボルゴグラード）で二〇万といわれるドイツ軍の兵士たちが、猛吹雪の厳寒の中でソ連軍に包囲され、殲滅されるという悲劇が生じた。

ドイツ軍の最高司令官であるヒトラーの命令はいつも軍の退却を拒否し、踏みとどまって最後まで戦えと命令するのが常であり、ドイツ軍の悲劇を大きくした。

もっと大きなヒトラーの過失は、日本による真珠湾攻撃と対米宣戦に際して、その直後の一二月一一日にドイツも対米宣戦をしたことだったと言える。三国同盟の規約からは、日本が対米宣戦をしても、ドイツとイタリアは対米宣戦をする義務はなかったのである。

それまでドイツはアメリカが欧州での戦争に参入し、英仏側（連合軍側）の一国としてドイツの敵として戦うことを避けるよう努力してきた。そのようなドイツが自分の方からアメリカに宣戦した理由は、ヒトラーが真珠湾での日本軍の華々しい戦果に幻惑されたからだとの説が有力であるが、真の理由はナゾのままである。チャーチルは「ドイツの宣戦で、アメリカが我が陣営で戦うことになったので、自分は安心して寝床に入った」と記している（八）。

その後は英米仏ソの連合軍側が独伊側に対して有利な戦いが続いた。イタリアは一九四三年九月、連合国側に降伏した。

一九四四年六月六日には、自由陣営にとっては待望のヨーロッパ解放のための上陸作戦がフランスのシェルブール東方のノルマンディー地方で行われ、アイゼンハワーを総司令官とする連合軍はパリに向けて進軍した。

ドイツ軍は東からはソ連軍に攻め込まれ、西からはアイゼンハワー（米）やモントゴメリー（英）

がひきいる連合軍に攻めこまれ、ドイツの敗色は濃厚となった。一九四四年一二月、ヒトラー最後の攻勢といわれるベルギーのアルデンヌでのドイツ軍の反攻（バルジ作戦）も失敗に終わり、一九四五年四月下旬にはドイツの首都ベルリンがソ連軍に包囲される情勢となり、ゲーリングなどナチ幹部の多くは南方へ逃げていったが、ヒトラーはベルリンで最期を迎えた。

ヒトラーの地下防空壕はベルリンの中心部のウィルヘルム通りにあった。ここはブランデンブルク門からも近い場所だった（旧東ベルリン区域内にあった）。

ヒトラーは、自殺した一九四五年四月三〇日の前日の四月二九日、一六年間も情婦であったエヴァ・ブラウンという美貌で、質素で、単純な感じの女性と正式に結婚する書式に署名し、翌日午後、自分はピストルを口に向けて発射して自殺した。エヴァは服毒自殺した。ヒトラーは五六歳、前日に妻になったばかりのエヴァは三三歳だった。

連合軍によるニュルンベルグ裁判で、生き残っていたナチ最高幹部一一名は死刑の判決を受け、一九四六（昭和二一）年一〇月一六日、ニュルンベルグ刑務所で絞首刑が執行された。しかし、ヒトラーに次ぐナチ党のナンバー二で、第一次世界大戦のドイツ空軍の花形パイロットとして名をあげたヘルマン・ゲーリングは絞首刑が執行される寸前（約二時間前といわれる）に、ひそかに持ちこまれていた毒薬を飲んで死亡した。

ドイツでのナチ党の勃興は日本に大きな影響を与えたが、世界史的に見ても、ナチ党は大きな存在だった。ナチスとは何だったのか？　それは二〇一六年の今日も議論されているテーマである。

## 注

（一）ウィリアム・L・シャイラー　松浦伶訳『第三帝国の興亡〈1〉』東京創元社、二〇〇八

（二）加瀬俊一『ワイマールの落日』光人社、一九九八

（三）齋木伸生『ヒトラー戦跡紀行』光人社、二〇一一

（四）同右（一）

（五）同右（二）

（六）同右（一）

（七）ロシア領内の寒波。この年は寒波の訪れが、通常より一週間ほど早かった。

（八）チャーチルの第二次大戦回顧録による。

# 第四章　史上最悪となった日本の真珠湾攻撃はなぜ起こったか？

## 一　難航して、ついに実現しなかった日中和平工作

ポツダム宣言受諾―日本敗戦の日を迎えた頃、私たち日本人の間で「何故、中国との戦争があんなに長引いたのだろう。日中戦争が太平洋戦争の一つの有力な原因となり、日本の悲劇を招いたのだ」と後悔する声があがっていた。

中国の国土はアメリカの四八州と同じくらいに広く、とても日本が制圧できるものではなかった。日本側が当時、中国人たちを軽蔑していたこと、中国国民のナショナリズムを理解していなかったことが戦争を長引かせた原因の一つだったと思う。

日本陸軍内部にも、日中戦争を早く終結させたいという動きはあった。歴史的に見て、日本陸軍の仮想敵国はソ連であったと見られ、早く中国との戦争にケリをつけて、ソ連への備えに力を入れたいという意向は強かったのだ。

日中戦争は一九三一（昭和六）年の満州事変から数えると、一九三七（昭和一二）年の本格化を経て終戦まで一四年間にもわたったが、この間、和平工作は無数に試みられたといわれている。

中でも最も有力とされたのは一九三七（昭和一二）年一〇月のトラウトマン和平工作と呼ばれるもので、ドイツによる調停の意向が示され、日本陸軍の要望もあって広田外相が駐日ドイツ大

使のディルクゼンに依頼して進められた。そして、トラウトマン駐華ドイツ大使が中国側との折衝に当たった（一）。

当初の日本側の条件は「①内蒙古に自治政府をつくる②満州国国境から天津・北京間に非武装地帯を設ける③上海の非武装地帯を拡大④排日政策を止める⑤日中共同による反共政策」であって、トラウトマンは「中国側は日本側の条件で交渉に応じる用意がある」と日本側に伝えた。

しかし、その後、同年一二月一三日、日本軍は南京を占領し、陸軍首脳部は交渉の条件を日本に有利なようにカサ上げしたため、この交渉は立ち消えとなった。

この他、日本側の宇垣外相と中国側の孔祥熙行政院長（蔣介石の義兄）との間の和平交渉、高宗武の代理人とされた梅思平と日本側のジャーナリスト、松本重治氏との交渉などがあった。

さらに、大戦争の末期に相当に大きな話題となったのが小磯首相や緒方竹虎氏（のちに吉田内閣末期の副総理）が力を入れた繆斌《みょうひん》工作と呼ばれた和平工作だった（二）。

日本の敗戦が明白になりつつあった頃であるが、小磯首相は南京政府（汪兆銘を主席とする親日政権）の幹部だった繆斌が蔣介石と関係をもつとして、繆斌を日本に招き、日本と蔣介石政権（国民政府）との和平の斡旋をしてくれるよう依頼した。当時、南京政府は全く日本に支えられた小さな政権で国民政府と対立的な存在だったが、南京政権の幹部の中には蔣介石政権と通じている者もいると噂されていた。

繆斌が信頼できる人物だったかについては、否定的な見方が強く、重光外相は繆斌工作に反対し、昭和天皇も重光に同調して、天皇の命令で繆斌工作は打切られ、繆斌は中国に帰された。

しかし、結論として日中戦争は日本にとって全くマイナス面が多かった戦争であり、日本政府として和平を強力に推進すべきであった。なお、日中戦争で日本と蔣介石とが戦った結果、毛沢東を指導者とする中共軍が強くなり、中共が中国を支配するに至ったという見方もある。

## 二　国民的な英雄だったが、力強さを欠いた近衛文麿（三）

日本の完敗となって第二次世界大戦が終わった時、焼け野原になった日本の社会で、「近衛文麿がしっかりしていたら……」という声があがったことは事実だった。

一九〇六（明治三九）年生まれの私の母が話していたが、近衛文麿の日本社会での人気は素晴らしかったようだ。二〇一六年の今日よりも血筋家柄が重んじられたその頃、近衛家は天皇家に次ぐ名門とされ、天皇家の近くを守（衛）るという役割をもつ家柄とされていた。加えて一八九一（明治二四）年生まれの近衛文麿は長身で、容姿も立派で、国民的な人気を集めていた人物だった。

ただし、近衛文麿が日本のために立派な貢献をしたかどうかという点では、彼が終戦後四カ月ほど経過して、戦犯容疑者として巣鴨への出頭を命ぜられた期日に自決したことが示すように、おおいに疑問がある終末となったと言える。

近衛は戦争終了の直後は自分が戦犯として出頭を命じられるとは考えていなかったようである。近衛は日本の対米英戦争については、あくまで対米戦回避の線で動き、日米主脳会談実現のために必死の努力をしたし、戦争への動きが強くなる中で首相を辞任したのだったが、アメリカを怒らせ、日米戦争の原因の一つとなった日本陸軍の南部仏印への進駐（一九四一年七月二八日）の際の首相であったことと、日米戦争を導く大きな原因となった日中戦争の時の日本の首相を務めていたことが戦犯容疑者に指名された原因であった。

近衛は若い頃から世界における「持てる国と持たざる国の調整」とか、「英米本位の平和主義を排す」といった主張をなして、日本国内の右翼や軍部に気に入られる側面があった。

ただ、このような近衛の思想は日本と米、英、仏、オランダなど当時の世界の主流的なグループとの対決を招く要素があり、要注意というべき面をもっていた。

軍部は近衛のもつ国民的人気を利用したいという意向もあって、近衛内閣の発足に協力的な態度を示し、近衛は第一次（一九三七・五―一九三九・一）及び第二次と第三次（一九四〇・七―一九四一・一〇）にわたり、近衛内閣を組織した。

近衛内閣の時に起こった主な出来事として、一九三八（昭和一三）年一月の「国民政府を相手にせず」という声明、北部仏印進駐(一九四〇年九月)、ベルリンでの三国同盟調印(一九四〇年九月)、日ソ中立条約調印(一九四一月四日)、南部仏印進駐(一九四一年七月二八日)がある。

近衛は日本の中国進出には前向きな姿勢といえたが、決して好戦的ではなく、日中戦争でも絶えず和平の機会をうかがっていた。また、近衛は日米戦争の回避を強く主張し、日米主脳会談を持つよう動いていた。

ただし、日中戦争の解決については近衛自身がおおいに後悔したと言われる「国民政府を相手にせず」という声明(一九三八年一月)、さらには国民政府との戦争を長引かせて、解決不能とされる状況にした責任は戦後の日本社会で強く非難された。

さらに、日米戦争の直接的な原因となったとされる一九四一年七月二八日の南部仏印進駐は近衛の情勢判断の甘さに責任があるとも見なされた。

そして基本的な大問題として、一九四〇(昭和一五)年九月二七日、ベルリンで調印された独、伊との結びつきを強化する三国同盟があり、この同盟は日本にとって実益なく、ヒトラーをおおいに警戒していた米国の対日警戒心を高めさせただけという批判もある条約だった。

このように、近衛内閣時代の日本の決定や行動は日本にマイナスの結果をもたらす面が多かったと判断される傾向が強い。

近衛文麿はすごい名門一族の出身のせいか、何かとねばりがなく、首相在任中も、しばしば天皇や木戸幸一内大臣に辞意をもらすなど、名門育ち過ぎて一国の指導者には適していないと思われがちな面があった。

もとより、近衛一人に責任があったのではなく、三国同盟調印については軍部の親独派に責任があり、また、日米交渉の難航には、松岡外相の強引さにより大きな責任があったと思われる。しかし、近衛文麿には、名門出身という利点や、国民的な英雄という特権的な長所があったのだから、一身を捨ててでも、日本の未曾有の危機を回避するため腕力を発揮するファイトが欲しかったのである。

## 三　日米交渉に横ヤリを入れた松岡洋右の自信過剰

私が生まれた一九三七（昭和一二）年頃、松岡洋右は日本での国民的英雄だったようである。私と同じ年頃の友人に「洋」という字を含む名の人が多く、その人たちは、当時の英雄、松岡洋右外相から「洋」の名をもらったと語る例が少なからず存在していた。

松岡洋右の人生で、最も注目を集めたシーンといえば、一九三三（昭和八）年二月二四日、ジュネーヴでの国際連盟で、満州での中国の主権を認め、日本軍は満鉄付属地に退くという決議案が日本を除く全会一致で可決された時、松岡が英語で英語を母国語とする人びとを驚嘆させるような名演説をして、会場から退場した時（その後、政府が国際連盟からの脱退を通告）、一九四一（昭和一六）年三月から四月にかけて、独伊を訪問してヒトラー、ムッソリーニなどと会談して三国同盟を強固な存在にして、モスクワで日ソ中立条約を締結してモスクワ駅でスターリンと抱き合った時、そして、帰国後、外相である自分の不在中に進展していた日米交渉の諒解案に強い不快感を示してこれをボイコットした場面であろう。

松岡洋右（一八八〇―一九四六）は山口県の資産家で誕生したが、家が没落し、苦労してアメリカに渡り、シアトル大学を卒業した後、日本の外交官試験に優秀な成績で合格し、外交官となった。なお、在任期間が極めて長かった佐藤栄作元首相の寛子夫人は松岡洋右の姉の子である。

松岡がヒトラー、ムッソリーニ、スターリンといった大物と会見して、意気揚々と一九四一年四月二二日に立川飛行場に帰着し、「次は日米交渉をやる」と張り切っていた時、東京では日米間の民間人レベルで日米諒解案と呼ばれる日米交渉が進められ、近衛首相もこれに乗り気だった。この日米諒解案を果たして米国政府の首脳も支持しているのか不明確な側面はあったが、少なくとも近衛首相などはこの案を推進する姿勢を示していた。

これを聞いた松岡は激怒し、病気と称して家にこもってしまったのだ。

日米戦争は必至だったのだから、松岡が諒解案をボイコットしようと、日本が南部仏印に進駐しようと本質的に関係ないという議論もあるが、当時の米国内の世論や、日米交渉の推移から見て、日米戦争必至説は肯定しがたい。

日米諒解案には米国側にも支持の声があり、これを素材として日米が交渉を続けておれば、交渉が進展していた可能性もあったのに、松岡外相の強硬な反対で日米諒解案が立ち消えとなったことは日米交渉の進展を阻止する結果となった。

それでも、米国の国民レベルの反戦感情、戦争の準備ができていないという軍部の要請などで、アメリカ側は基本的には日米戦回避を望んでいたという見方は根強い。野村大使もそのように感じていた。

日本側としては、アメリカの日本に対する石油輸出禁止措置が開戦への大きな牽引力となったことは間違いない。日米開戦に至る分析については次章でも取りあげて検討したい。

## 四　許せぬ強烈なドイツかぶれ――日独同盟を推進した大島浩（四）

私たちの年代の者は、「十五年戦争」で惨敗し、焼け野原になった日本の社会で、多くの日本人たちが「ナチ・ドイツと手を結んだ政策が誤っていた」と後悔したことを思い出さずにはおれない。

戦時中、小学校で下級生だった私も、年長者たちから「白人はみんな悪いヤツだけど、ドイツ人だけは別だ」と言われていた。
しかし、八月一五日以後、私たちは、「第二次世界大戦に際して、英米仏オランダなど連合国側を敵にまわして、ドイツ、イタリーと組んで戦ったことが基本的に誤りだった」と痛感したのだった。

当時の日本の指導層の中で最も強烈に「ドイツかぶれ」をして、ヒトラー、リッペントロープ（外相）などと親密になり、日独の結びつきの強化に奔走した人物が駐独大使を務めた大島浩だった。

東京裁判で有力な日本人弁護士として活躍した滝川政次郎氏は、「東京裁判は報復と宣伝のサル芝居だ」と非難したが、同時に大島の責任を重視し、「大島の責任は重く、国民裁判にかければ、彼こそは極刑に値するであろう」と論評した。

ナチ党とドイツの推移について取材を続け、有名な『第三帝国の興亡』という大著を刊行した米国人の記者、ウィリアム・シャイラーは大島について、「ナチス以上のナチ」と評した。

大島浩は一八八六年、陸軍大臣を経験する大島健一中将の長男として生まれ、陸軍軍人の道を歩んだが、一九二一年駐独武官補佐官を務めて以降、ドイツ、オーストリアでの勤務が長く、一九三八年一〇月には駐独大使となり、一九三九年一〇月から翌年一二月までの短い期間を除いては、一九四五年五月のドイツの敗戦まで、ずっと駐独大使を務めていた。

大島は強烈なドイツ信者となり、ドイツこそは世界の指導国になるとの信念のもとに、日独の結びつきの強化のために奮闘した。

日本はドイツとの間で一九三六年一一月に日独防共協定、一九四〇年九月に三国同盟（イタリアを含む）を結んだが、特に三国同盟については日本国内で反対の声もかなり存在していたのを大島らの三国同盟推進の声が勝った結果となった。

当時、英米側はヒトラーのナチ・ドイツを世界征服を目指すとして最も敵視しており、日本が三国同盟の一員となったことは、英米側との関係を悪化する悪い結果を招いた。

大島は大使に就任する前から陸軍主脳と直接に連絡をとって、当時の東郷茂徳駐独大使の頭越しに、日独間の軍事的連携を強くする行動を取ったことも、東京裁判などで非難された。

大島浩の駐独大使の時、部下として勤務した経験をもつ新関欽哉元駐ソ連大使、藤山楢一元駐英大使は、共に、回顧録で大島について人間的には魅力に富む好人物だったと感想を述べている。私が国際機関で勤務した時に、何かと指導していただいた新関欽哉元駐ソ連大使は「大島大使はドイツ人が好むキルシュワッサという赤いワインを飲みながらドイツの歌を口ずさむことが好きだった。好人物であったが、日本をドイツなど枢軸側に付ける働きをした責任はまぬかれない」と回想しておられた。

私たちにとって印象に残ることは一九三六年九月、ロンドンで大島が吉田茂駐英大使と日独防共協定締結の是非をめぐって大激論をたたかわせた事実である。大島は「日独が協力して世界征服を目指す共産主義勢力と対抗すべきだ」と主張したのに対して、吉田は「ナチ・ドイツの力はそれほど強力とは思えない。日本がドイツと結ぶと日本と英米側との関係が悪くなり、日本にとって大きなマイナスとなる」と反論した。明らかに吉田の主張が正しいという結果を見た。ドイツの敗戦（ベルリン占領）に際して、大島はベルリンからバートガスタイン（現在はオーストリア領である美しい保養地）、アメリカ各地を経て一九四五年一二月一六日、日本の浦賀港に帰着し、すぐに戦犯として巣鴨拘置所（スガモ）に入所した。その直前、大島は吉田（当時、外相）を訪ねて、自分の非を認めて謝罪した。吉田は大島の手を握って激励し、「スガモの生活はつらい面もあろうが、がんばってくれ！」と大島をはげました。

大島は東京裁判で、六対五というきわどい票差の判定で死刑はまぬかれ、終身刑となり、一九五五年に仮出所を許され、一九七五年六月、八九歳で永眠した。

## 五　「対米戦・日本楽勝説」を主張した池崎忠孝（五）の大罪

私たちの世代の者にとって、絶対に忘れることができないのは、日米戦争が現実に始まった一九四一年よりも一二年も前の頃から、「日米戦必至説」と「対米戦・日本楽勝説」を主張し、精力的にこの主張を訴える文筆活動を展開した池崎忠孝の大罪である。

早くも昭和年代に入る頃から「いずれ日米は戦わねばならぬ」との予測が強まり、このテーマに関して数冊の本が刊行されたが、池崎は「日本楽勝説」で有名な存在になった。

池崎は一八九一年、岡山県の現・新見市の区域で生まれ、東大在学中に夏目漱石の弟子となり、初めて夏目漱石の伝記を書いた人物として知られた。池崎を有名にしたのは赤木桁平という筆名で『「遊蕩文学」の撲滅』という書を出版して、女性との交際や花柳界を舞台にした文学作品が多すぎると非難して、文壇での論争の出発点を作ったことだった。池崎は約二七年間に、確認しただけでも三一冊を超える書物を刊行した精力的な文筆家であるが、軍事評論の面でも積極的に活動し、一九二九年に刊行した『米国怖るるに足らず』という対米戦・日本楽勝説の本はこの年のベスト・セラーとなり、池崎の知名度を一層、高めたと言われている。

私は『米国怖るるに足らず』を精読したつもりで、彼の主張、予測については、八月一五日の時点で明らかに誤りだったと判定されたと言えるが、彼の説の誤りを分析したい。『米国怖るるに足らず』は一九二九年九月一日に発刊され、一円五〇銭という価格だった。

この本では、まず、歴史的にアングロ・サクソン国家のグループが世界征服のために活動してきたと非難し、このアングロ・サクソン非難は相当にアカデミックな論理に基づいている。そして池崎は石原莞爾の有名な日米最終戦争論に似た内容を主張し、ローマとカルタゴとが戦ったように、日米は宿命的に、必ず戦争して世界の覇権を争うことになると予測した。

そして、池崎は日米戦争について予測し、海軍の技術的側面では日本海軍の方がアメリカ海軍よりも優れており、日本海軍はアメリカ海軍に勝てると予測した。

池崎が特に強調したのは「恐米病の克服」という点で、日本国内にはアメリカは大国だとして、アメリカと戦うことを恐れる風潮があるが、日本軍にはアメリカ軍を上まわる力があると池崎は主張した。

彼は、英国が永らく独立を維持してきたのは島国であって、他国から侵略を受けにくいからだと主張し、日本も米英から遠く離れた島国であり、米英からの攻撃を受けにくいし、もしも攻撃されても防衛しやすいと論じた。

池崎は日本の主要な工業地帯は東京湾、伊勢湾、大阪湾など、湾の奥に位置しているので、湾の入口に十分な機雷を敷設しておけば、敵からの攻撃を防げると主張した。

そして、池崎は日本の軍事力は米国に負けぬレベルにあり、強力なのだから、日本の対外的な国策を積極的に推進していくべきだと主張したのだった。

この池崎の主張は、焼け野原になった日本がポツダム宣言を受諾した時に、完全な誤りだったと判定された。

池崎は文筆活動のほか、衆議院議員に当選するなど、政治家としても活動した。

しかし、戦後はA級戦犯に指定され、スガモに収監され、病気のため釈放されたが、戦後四年を経過して、日本が復興へと歩み始めた一九四九年一二月に五八歳で病没した。

## 六　欲しがりません、勝つまでは！——社会全体が軍事体制になった日本

日本では、一九三一（昭和六）年の満州事変以降は中国での戦闘が断続的に続く状態となり、一九三七（昭和一二）年以降は中国との戦いが本格化し、さらに一九四一（昭和一六）年から米、英、オランダなどとの大戦争に突入したので、国内の社会情勢も総力を戦争に捧げる体制となって、これは一九四五（昭和二〇）年八月一五日の終戦まで継続した。

終戦時に小学二年生だった私は、軍事体制下の日本社会の雰囲気をよく記憶しているつもりである。このような、軍国日本のムードを簡潔に表したのが「欲しがりません、勝つまでは！」というスローガンだった。このスローガンは小学校上級生だった少女が応募して当選したもので、戦時中の日本社会で、しばしば用いられた。

国の総力を戦争のために捧げるためには、精神面、統制面での国家の強力な指導と締めつけが必要となった。

精神面では、天皇を中心とする挙国一致体制、忠君愛国、親孝行、武の尊重を国民に強制する体制が強化された。「大御心に副《そ》う」、「尽忠報国」、「奉公服従精神の涵養」、「一億一心の道義」、「詔

承必謹」、「挙国一致」、「堅忍持久」といったスローガンが国民に押しつけられた。したがって学校教育では、この線に基づく「忠君愛国教育」が生徒指導の大黒柱となった。生徒を強い軍人に育てるため身体の鍛錬がきびしく行われた。

次に、より多くの物資を軍事用にまわすため、統制、配給、節約が強制され、勤労奉仕もさかんに行われた。このため、隣組が人びとの活動を監視し、束縛するために用いられたほか、国防婦人会、愛国婦人会も組織された。

国民みんなが軍の活動を支えるため質素な生活をすべきだという方針によって「ぜいたくは敵だ」というスローガンが流行し、食糧を含む多くの生活必需品について配給制がとられた。

武勇報国、愛国献金のスローガンのもとに、武術が奨励され、献金や国債の購入も勧奨された。米《こめ》なし食堂や木炭自動車といった食糧と資源を節約する動きも活発だった。

空襲が本格化するよりも、ずっと前から住宅地での防空訓練が頻繁に行われ、主に主婦たちが参加させられていた。

私がかつてオーストリアで生活していた時、オーストリアは戦時中はドイツの一部となっていたので、人びとのナチ・ドイツ体制下の生活について体験を聞いたが、戦時下のドイツの生活は戦時中の日本での生活に似ていた様子だった。

全体主義国家では、戦争を遂行するために国民に無理な生活を強制しがちなことが現実に経験されたのだった。

## 七　アメリカの国民政府支援のため奮闘した宋美齢（六）

大戦終了後、三六年にもなる年である一九八一（昭和五六）年、北京で中共政権の幹部たちと親しいと言われた宋慶齢（孫文未亡人）が重態と伝えられた時、宋慶齢の妹の宋美齢（蔣介石未亡人）はニューヨークに居たが、ただちに北京へ行く航空便の数多くの座席を予約した。彼女の側近や秘書たちと共に重態となった姉の宋慶齢を見舞うためであった。しかし、結局、彼女の北京訪問は実現しなかった。

映画にもなった宋三姉妹の父、宋耀如は広東出身の華僑で米国実業界で成功し、巨大な財閥をつくった。その長男、宋子文はのちに国民政府の最高幹部となったほか、長女は実業家で国府の幹部ともなった孔祥熙に嫁ぎ、次女、宋慶齢は中国の国父とされる孫文の妻となった。三女の宋美齢は幼い頃米国に渡り、ニューヨークなどで勉強し、ウェズリー大学を卒業した後、中国に帰国していた。

中国の蔣介石政権は日中戦争の期間中、アメリカを味方につけるために必死の努力を払った。蔣介石は前妻との間に二児があったが、宋美齢との結婚を決意し、一九二七（昭和二）年九月、訪日して宋美齢の母親、倪桂珍が静養中の神戸近辺の有馬温泉を訪れて、倪桂珍から自分と宋美齢との結婚についての承諾を得た。

宋美齢は米国での生活の期間が長く、英語力も優秀であったので、蔣介石の妻として、国民政府と米国政府の有力幹部との結びつきを強くするために大きな貢献をした。

米国側も宋美齢の役割を重視し、ルーズベルト大統領は一九四二（昭和一七）年秋、宋美齢が米国を訪問するように招待状を送り、米国と国民政府との関係の強化をはかった。

宋美齢は自分が乗る自動車が日本空軍に狙われ、無理な運転のため事故を起こした際に負傷していたが、ルーズベルトの招請に応じて一九四二年一一月一八日、重慶を飛行機で出発し、エチオピア、ガーナ、ブラジルを経てニューヨークに到着した。ルーズベルトの好意で治療のため七〇日間、ニューヨークの病院に入院した。その後、ニューヨーク北方のハイドパークにあるルーズベルト邸でも静養した後、一九四三（昭和一八）年二月一七日、ワシントンに到着したが、駅にはルーズベルト大統領夫妻が出迎えた。

翌日、二月一八日、宋美齢はエリノア・ルーズベルト夫人につきそわれて米国議会を訪問し、上院で一五分間、下院で三三分間の演説をし、日本の中国攻撃を非難し、米国がいっそう強力に中国を支援してくれるよう訴えた。

宋美齢の議会での演説は米国民に大きな感銘を与え、米国による中国支援のムードを強める効果をあげた。宋美齢は個人的にはぜいたく好きで、わがままで、エリノア・ルーズベルト夫人も不快感をもったとの報道もあるが、彼女が演じた政治的役割は絶大なものがあった。ひるがえって、日本ではヒトラー、ムッソリーニなど全体主義陣営の指導者が賞賛され、英米人は敵視された。

また、日本内部でも、幣原喜重郎、吉田茂、米内光政といった英米派とされる要人は活躍できなかった。

関西財界にあっても、岩井雄二郎、伊藤英吉といった英国での生活経験が長く、英米人とつき合うことが得意な人が居たのに、英米との関係を冷却しようとする動きに妨害された。

宋美齢の対米活動が国民政府のために大きなプラスとなった事実を考えるにつけて、当時の日本の対外政策の誤りが再認識されるのである。

## 八　アメリカは許さなかった日本軍の南部仏印進駐

ヒトラー独裁下のナチ・ドイツは第二次世界大戦開始（一九三九年九月三日）寸前に独ソ不可侵条約をソ連と結んだのに、その後、バルカン政策などでソ連と対立し、対イギリス進攻作戦の手づまりもあった故か、ソ連に侵攻する準備にとりかかった。独ソ戦勃発の噂は相当に早くから欧州で広まっていたが、ついに、一九四一年六月二二日、ドイツ軍の大軍はソ連領内になだれ込んだ。

バルバロッサと呼ばれた、このドイツのソ連侵入作戦は世界中に大きなショックを与えた。日本国内では、すでにドイツが欧州のほぼ全域を支配し、かつ、ソ連をも征服せんとする激動の時に、日本が何もせずに静観していることはできないという「バスに乗り遅れるな！」というムードが高まり、具体的にはドイツと呼応してソ連と戦うべきか、あるいは南方への進出をはかるべきかという点で意見が対立した。松岡洋右は日ソ中立条約に調印して帰国して三カ月も経過していないのに、強く「北進論—ソ連を討つべし」を主張した。

日本軍部、政府内部で激論の末、やや南進論に近い印象を与える玉虫色の方針でまとまり、情勢次第では北方問題も解決すとの方針も記された。

これにより、満州で大規模な軍事演習が行われてソ連を威嚇する行動がとられる一方、陸海軍の賛成により、六月二五日には大本営政府連絡会議で仏印南部進駐が決定された。すでに日本軍は一九四〇（昭和一五）年九月、北部仏印に進駐していたが、さらに南部仏印にも進駐する方針が決まった。

仏印は二〇一六年の今日でいうベトナムの地域であるが、これを領有するフランスは、当時、ドイツ軍に占領され、傀儡政権的な、親独のヴィシー・フランス政権が誕生していた。日本としては親独的なヴィシー政権と話をつけて日本軍の南部仏印への進駐は容易に可能と見て、独ソ戦開始の約一カ月後の七月二八日、日本軍は南部仏印進駐を断行した。

日本は、南部仏印進駐により、米英側の援蔣ルートを妨害できること、シンガポール、フィリッピンなどに近い距離で日本軍の軍事力を示威できること、ボルネオ、ブルネイなどの石油資源に近づくことができるなどのメリットを得ると判断し、日本軍の進駐ぐらいで米英は動くまいと見なしたのだった。

しかし、事実は日本側の判断は楽観的過ぎた。アメリカ、イギリス、オランダ領インドネシア諸国は、日本資産の凍結、石油の対日輸出禁止という強硬な措置を発表したほか、アメリカのハル国務長官は「日本が南部仏印に進駐するなら、日米交渉を継続する基礎はなくなる」と言明したのだった。

英米にとって、シンガポール、フィリッピンはアジアにおける英米勢力の拠点ともいうべき重要地点で、日本がこれに近づく行動を取ったことは英米にとって許せなかったのだろう。

戦後に発表された幣原喜重郎元首相の回顧録によると、当時の近衛文麿首相から「日本軍の南部仏印進駐を決めたのですが、どうでしょうか……」という相談をうけた幣原氏は「この決定は必ず大きな戦争になる。すぐに、天皇陛下の特別の許可を得て、南部仏印に向かっている船団を引き返すようにしなさい」と近衛に忠告したとのことである（七）。

米英側は、「アジアで日本に対してミュンヘン的宥和政策は取らぬ」という方針を示していた。英米での経験が長かった幣原氏は英米側が日本がシンガポールやフィリッピンを脅かすことを許せぬ事情をよく理解していたのだろう。

昭和天皇独白録に「南部仏印進駐は日本軍部の北進論を抑える意味もあった」という意味の独白があるが、軍部をなだめるために、日本は国策を誤ったとも考えられるのである。

## 九　無視された「日本必敗」の警告——日本最高の人材による日本必敗論（八）

私たちの年代の者は終戦直後の頃、「日米戦争の直前に、霞ヶ関の官僚を主体とする日本の優秀な頭脳の集団が戦争の結果を予測して日本必敗と警告していたのに、その警告は軍部に無視されたので、こんな悲惨な結果となった」という話を聞いていた。

その後、この話の詳細については知らないままだったが、本書を著すに当たって、猪瀬直樹氏の著書により、詳細を知ることができて、実に有益な調査の結果が無視されたことを残念に思ったのである。

日米開戦の動きが強まりつつあった一九四一（昭和一六）年四月に、総力戦研究所が開所され、東京の都心で現在の首相官邸のある場所の近くに事務所がつくられて霞ヶ関の優秀な官僚や軍人、民間人など三六名によって、日本が総力戦に入った場合、戦争はいかに推移するかにつき、予測を行ったのだった。

この研究に参加した三六名の内、民間人は六名だった。研究参加者の中には佐々木直（戦後、日銀総裁）、清井正（戦後、農林事務次官）、志村正（海軍大学を首席で卒業した海軍大佐）、千葉晧（外務官僚）、玉置敬三（商工省の官僚で、戦後、東芝社長）らが居た。これら参加者たちの中で最も強く日本必敗論を主張し、研究グループをリードしたのが海軍大学を首席で卒業したという志村正だった。志村が強硬に日本必敗論を論述するので、陸軍から参加していた軍人と大ゲンカになったことがあった。

商工省出身の野見山勉は「戦争すべきでないというより以前に、これはできないということを、軍需者や商工省のテクノクラートなら誰でも知っていた」と回想していた。

研究グループは七月一二日に報告書をまとめて、「十二月中旬、奇襲作戦の敢行により緒戦の勝利が見込まれるとしても、物資において劣勢な日本の勝機はない。戦争は長期戦となり、終局、ソ連参戦を迎え、日本は敗れる」と警告した。報告書による戦争の予測の内容は、米軍による広島、長崎への原爆投下は含まれていなかったが、現実に起こった太平洋戦争の推移とよく似ていたという。

総力戦研究所の研究結果は近衛首相と後任の東条首相からも注目された。特に東条首相は総力戦研究所の研究活動とその内容に注目し、しばしば総力戦研究所に姿を見せていたという。

東条首相は「日本必敗」という結論が出た時、「諸君の研究の労を多とするが、実際の戦争は机上の理論だけでは予測できない。他に多くの要素があって勝敗を左右する。日露戦争も日本は止むを得ず立ち上がり、成算がないまま戦ったが、大勝利を収めた」と語った。

二〇一六年の今日、この総力戦研究所の日本必敗論が無視された背景について、研究に参加した官僚などエリート的な研究員たちは資源や軍事技術などについて、科学的、客観的に検討したのに比して、軍人たちは「桶狭間の戦いで、織田信長は、兵員数では圧倒的に優勢だった今川義元に圧勝した」といった昔物語を大事にしていたから、正しい戦争の予測ができなかったと考えるのである。

## 一〇　なぜ海軍は開戦に「ノー」と言わなかったのか？（九）

悲惨な大戦争が日本の完全な敗北で終わった時、私たち日本人の中で、海軍が対米戦に「ノー」と言ってくれていたら、対米戦争は回避できたのではないかと言う人が多かった。太平洋を舞台とする対米英の戦争は海軍の力なくしては戦えないからである。

現実に、近衛文麿首相も、近衛の後継首相で日米開戦を主張した東条英機首相も海軍が「ノー」

と言ってくれるのを期待する気持ちもあったと憶測されている。

日米戦争を迎える頃、海軍主脳の中で、避戦派ともいうべき人物は米内光政、山本五十六、沢本頼雄、岡田啓介、高木惣吉らであり、開戦派ともいうべき人物は伏見宮博恭王、永野修身、石川信吾らがあげられる。

この中で石川信吾は一般的な知名度は低いながら、海軍軍人の中でも政治力に富む人物で、いわばタカ派で対中国積極派の森恪という大物の政治家と親しくなり、海軍全体を親独、三国同盟賛成へと持っていく方向で活動した。

元来、海軍は日米戦争には消極的とされていたが、石川信吾の例に見られるように、対米戦積極派も力をつけつつあった。

近衛首相が辞意を表明し、東条内閣が登場したのは日米開戦の少し前の一九四一（昭和一六）年一〇月一八日であるが、近衛内閣の海軍大臣であった及川古志郎には、日本の戦争突入を防げなかった点で大きな責任があったというのが戦後の関係者の一致した結論といってよい。

及川古志郎は温厚で、自分の主張を強く押し出すという性格ではないので、陸軍との軋轢が生じにくいという理由で海相に起用されたとも伝えられるが、人格高潔で、文人肌で漢籍を好み、大臣室においても、中国の古典に目を通すことを楽しみにしていたという。

及川は近衛首相に対して、「海軍としては、和戦の決を首相に一任したい。海軍として戦争はできるだけ回避したいが、表面に出してこれを言うことはできない」という申し入れをしていた。

近衛首相は明らかに及川海相が「日本海軍の力ではアメリカと戦うことは不可能だ」という方向性の言明をすることを期待していた。当時の陸軍の実力者、武藤章軍務局長も対米戦に反対であったし、国会での「ダマレ！」の暴言で有名になった佐藤賢了氏も、「海軍は対米戦に自信がないなら何故はっきりそれを言わないのだ」と発言していた。

及川海相は内心では、中国からの日本軍の撤退の是非をめぐって、日本が戦うのは愚の骨頂だと考えていたらしい。いずれにしても、及川海相は対米開戦に反対であったようだが、それを積極的に発言したり、開戦反対を日本の政府や軍部の要人に説くようなことはしなかったのであった。

近衛内閣から東条内閣になり、海軍大臣が及川から嶋田繁太郎に変わったが、嶋田はまさに自分の考えや信念がなく、周囲の情勢や重要人物の意見に従って行動するタイプの人物だった。日米開戦が避けられるかどうかというギリギリの時に、海軍の大御所だった伏見宮博恭王のお気に入りということがポイントになって海相になったとも言える人物で「東条の副官」とか「東条のメカケ」と陰口をささやかれる始末だった。

嶋田海相はもともとは避戦論者だったが、海相就任後すぐに開戦論者に転向した。

このような事情で、海軍のトップ層に日米戦うべからずという声を強く発して、そのキャンペーンをする人はなく、一二月八日の真珠湾攻撃へと突入したのだった。

## 一一　最終段階の日米交渉について（一〇）

日米間には日本軍の中国大陸での駐兵問題、満州国支配の問題、日独伊三国同盟をめぐる基本的な問題はあったが、日米双方にとって日米戦争を避けたいという希望も根強く、日本国内でも、日米戦争は避けられると予想する人も多かった。

日米交渉の最終局面としては一九四一（昭和一六）年八月二八日、近衛首相が日米首脳会談を提案したが、九月三日、米国側はこれに対し否定的な回答を示した。

九月六日の御前会議で一〇月上旬頃までに諸問題が解決しなければ対米宣戦を決意するとの決定がなされた。アメリカ側は日本政府と在米日本大使館との電信の暗号解読などで、日本の開戦が迫っていることを認識していたが、戦争の準備はできていないという軍部の要請などで、できるだけ戦争の開始を引きのばそうとしていたと言える。

日本側は一一月七日に甲案と呼ばれる案を提案したが、アメリカ側の反応はなく、続いて一一月二〇日、乙案を提案した。乙案は「日本は仏印以外のアジア・太平洋地域への武力進出はしない。合意成立によりオランダ領インドネシア、アメリカから石油供給が約束されれば日本軍は南部仏印から北部仏印に移駐し、支那事変解決後に仏印全土より撤退する」という内容であって、アメリカ側はこの日本側乙案に関心を示し、「日本は南部仏印から撤兵し、かつ、北部仏印の駐兵を二万五千以下とし、そうした上で日米両国の通商関係は米国による日本資産凍結令（七月二五日）以前の状態に戻す」という案を示した。

このアメリカ側の案は暫定協定案と呼ばれ、これが日本側に正式に提示されておれば、日本側は一一月二六日の真珠湾攻撃艦隊のヒトカップ湾（千島・エトロフ島）からの出発を見送った可能性があったと言われている。

しかし、このアメリカ側の暫定協定案は中国の国民政府の最高幹部たちによる猛反対にあい、さらに蔣介石から暫定協定案への反対への同調を求められたチャーチル英首相が「中国を脱落させるな」という態度を示したことで、ルーズベルト大統領とハル国務長官の判断で、遺憾ながら立ち消えとなり、これに替わって日本側の野村、来栖両大使に示されたのが、いわゆる「ハル・ノート」と日本側が呼んだアメリカ側の原則的立場を示す日本にとってきびしいアメリカの方針を示す文書の提示となった。

すでに、いわゆる「ハル・ノート」の提示より約一日前に、ハワイを目指す日本海軍の艦隊は、千島を出発していたが、ともかく戦後の日本では「ハル・ノート」がアメリカの日本に対する最後通諜で、日本が戦争に突入したのは止むを得なかったという主張をする人が多くなった。

アメリカ側が何故、暫定協定案から「ハル・ノート」に切り替えたかについては、極めて多くの推論が行われてきた。原因として有力な説は、ルーズベルト大統領が大規模な日本の船団がマレーなど東南アジア方面に移動しつつあり、新しい侵略が行われつつあるとの報告を受けて激怒したという説、さらに、オランダ軍など、何らかの情報の提供により日本軍の宣戦布告が真近いことを知ったチャーチル英首相がルーズベルトに通報し、ルーズベルトは日本の背信と見なしたという説もある。

「ハル・ノート」で日本は対米英の戦争開始を決定したが、この「ハル・ノート」に示されていた「日本が支那（China）及びインド支那から一切の軍を引き揚げる」という条項の支那（China）の中に満州が含まれるのか否かを確認しなかったのは日本の外務当局の落ち度だったと考えられる。

一方、日本はこの「ハル・ノート」を受け入れるべきだったという意見が戦後の日本で少数ながら存在した。

また、「ハル・ノート」は最後通諜ではないことが明記されていたのであり、これが示されたからといって戦争に突入するのは早計であり、避けねばならなかったという意見は正論だったと考えられるのである。

## 一二　忘れ得ぬ日米開戦反対論

私たちは一九四五（昭和二〇）年八月一五日の日本敗戦後、「日米間であれだけ著しい戦力差があったのに、誰が『アメリカと戦争しよう』と言ったのだ」という怒りの声をあげたことを記憶している。

戦後、社会党系の国会議員として永らく活躍した元外交官の森島守人氏（日米開戦時、ニューヨーク総領事）は、「敗戦によりリスボン（ポルトガル公使）から日本に帰国した時、大勢の人たちから『英米側と日本との戦力差が著しいことを何故、外交官たちは国内の日本人たちに警告しなかったのか』と非難めいた口調で質問された」と記している（一一）。

そして、焼け野原の日本で、私たちは「あの時、戦争に反対した人は居なかったのか？」という疑問を抱いたのだった。

日米開戦の際の御前会議などで、対米英開戦に反対を表明した人はいた。ただ、これらの人たちの声が弱かったと言わざるを得ないのだ。

真珠湾攻撃の寸前といってもよい一九四一（昭和一六）年一一月二九日には、午前九時半から東条首相、嶋田海相、東郷外相ら政府側と首相経験者（重臣と呼ばれた）たちとの懇談会が開かれ、午後一時からは天皇との陪食の後、午後二時から約一時間、天皇出席の場で政府と重臣との懇談会が開かれた。さらに天皇の「入御」（退席のこと）の後、政府・重臣の間で再び懇談が行われた。もっとも、この一一月二九日という日より三日前の一一月二六日午前六時以降、真珠湾攻撃の大艦隊は当時は日本領だった千島列島のエトロフ島ヒトカップ湾から出発して東進しつつあったので、実質的には日本側は開戦していたとも言える状態だったのだ。

この政府・重臣懇談会で最も強く開戦反対論を主張したのは岡田啓介元首相、若槻礼次郎元首相であり、米内光政、近衛文麿、広田弘毅各元首相も明らかに開戦反対と見なされる発言をした(一二)。

政府の開戦という方針について「政府を信頼しよう」と主張したのは陸軍出身の林、阿部両元首相だけだったと言ってよい。

岡田元首相は戦争をする資材、補給に大きな不安があり、開戦には賛成できないと主張し、若槻元首相は岡田氏と同様の危惧を表明し、「国の存立が危険になっている時は、たとえ敗戦が予見される場合でも立たねばならないが、単なる理想を描いて国策を御進めになることは危険だ」と発言した。近衛、広田両元首相は交渉が不成立だからといって戦いに訴えるのは早計だとの発言をした。米内元首相は「ジリ貧を避けようとしてドカ貧になることがないように御注意されたし」という有名な発言をしたのだった。

これに対して開戦を強く主張する東条首相は重臣の発言中も、発言をさえぎるように反論して、「すべて心配に及ばん」というムードで開戦論を主張した。

焼け野原になった日本では、この一一月二九日の懇談会で開戦に反対した重臣たちを支持する声が満ちあふれる状態になった。しかし、それは後の祭りだった。

二〇一六年の今日、私たちが感じるのは当時の政府首脳の中に米英での生活歴のある人が稀であって、米英の国力についての認識が甘かったことがある他、昭和天皇が絶対的な権力者とされたが、実質的には立憲君主だったのか不明確な面があり、その権限と責任に不明瞭な側面があったことが国の方針を決める上でマイナスに働いたという点であったと言える。

## 一三 「ルーズベルト親書の到着がもう一日早かったら……」

――昭和天皇が残念がる

アメリカ政府首脳は日本側の通信の暗号解読で、日本による開戦が迫っていることを察知していたが、軍部の要請もあって、日本との戦争を回避したいと希望するルーズベルト大統領は、EST（アメリカ東部標準時間）一二月六日午後九時（日本時間七日午前一一時）に昭和天皇にあてて戦争を回避するための呼びかけを行う電報を送った。日本軍が仏印から撤退するなら、どこの外国軍も仏印には入らないことを保障する点と日米両国の指導者が協力し合って平和を守るべきだと強調する内容だった。

このルーズベルト親書の電報は、日本側の意図的な操作で、天皇に取り次ぐべきアメリカ大使館に到着するのが数時間も遅れ、グルー大使と東郷外相を経て昭和天皇に伝えられたのは日本時間の一二月八日の午前三時頃で、日本軍による真珠湾での現実の攻撃がスタートする三〇分ほど前のことで、どんな対応を取ることも不可能だった。

ルーズベルト親書の全文はグルー大使の回想記によって知ることができるが、戦争を防止したいという誠意に満ちたもので、ルーズベルト大統領は関係国に「自分が日本の天皇に親書を送ったので、しばらく日本を刺激するような行動を取らないでほしい」と要望していた。

昭和天皇がルーズベルト親書の到着を知ったのは、真珠湾での攻撃開始の約三〇分前で、いかんともできなかったのであるが、戦後、天皇が、「ルーズベルト親書をもう一日早く見ていたら、自分は戦争を止めていただろう」と語った事実があるのだ(一三)。

戦争が終結してから二年近くの一九四七（昭和二二）年三月初旬、開戦時にワシントンの日本大使館で勤務し、終戦後は天皇の側近として昭和天皇が東京裁判の被告とならないように活動していた外交官の寺崎英成が偶然、宮内庁の庁舎の近くの路上で、アメリカ人のスタンレー・ジョーンズに出会った。スタンレー・ジョーンズは、アメリカ側で大統領親書を天皇に送るため努力した人物である。

この時、寺崎英成はジョーンズに「昭和天皇はルーズベルト親書の全文を読んで、『この親書がもう一日早く到着していたら、自分は戦争を止めただろう』と語っておられる」と伝えたのである。

この事実はルーズベルト親書の重要性を示すものと言える。

**注**

（一）　猪木正道『軍国日本の興亡』中央公論新社、一九九五
（二）　松本重治『昭和史への一証言』毎日新聞社、一九八六
（三）　岡　義武『近衛文麿』岩波書店、二〇〇三
（四）　鈴木健二『駐独大使　大島浩』芙蓉書房、一九七九
（五）　池崎忠孝『米国怖るるに足らず』先進社、一九二九
（六）　仲田民男『蔣介石秘録による昭和の戦争と靖国神社の問題』創栄出版、二〇〇三
（七）　岡　義武『近衛文麿』岩波書店、二〇〇三
（八）　猪瀬直樹『昭和16年夏の敗戦』世界文化社、一九八三
（九）『歴史読本』編集部編「日米開戦と山本五十六」新人物往来社、二〇一一
（一〇）　井口武夫『開戦神話』中央公論新社、二〇〇八
須藤眞志『真珠湾〈奇襲〉論争』講談社、二〇〇四

（一〇）藤山楢一『一青年外交官の太平洋戦争』新潮社、一九八九
（一一）野村吉三郎『米国に使して』岩波書店、一九四六
（一二）森島守人『眞珠灣・リスボン・東京』岩波書店、一九五〇
（一二）黒羽清隆『太平洋戦争の歴史』講談社、一九八五
（一三）田中仲尚『ドキュメント昭和天皇　二』緑風出版、一九八五

# 第五章　三百十万人が犠牲に

## ——史上最悪の戦争

## 一　日本の近代史で最悪の行動――真珠湾攻撃の決行

一九四一（昭和一六）年一二月八日（米国では七日）の日本軍による突然のハワイ・パールハーバー（真珠湾）攻撃の時、私は四歳になった直後の頃なので、記憶していないのだが、この日本軍の行動――真珠湾攻撃は日本の近代史史上最も衝撃的な出来事であり、かつ、日本国と日本人たちにとって極めて悪い影響を与えた事件と言わねばならない。

この軍事行動の主唱者は連合艦隊司令長官だった山本五十六であって、その決断について論評する前に真珠湾攻撃の経過にふれておきたい。

日本がアメリカに対して戦争をしかける方針がかたまり、一九四一年一一月二六日午前六時以降、ハワイ攻撃の日本海軍の艦隊は千島列島エトロフ島のヒトカップ湾から出航して行った。空母六、戦艦二、巡洋艦三、駆逐艦九、潜水艦三、給油艦七という船団だった。

そして、約一一日後のハワイ時間一二月七日朝七時四九分、ハワイ・オアフ島の真珠湾に近づいた日本海軍の爆撃機の群れを指揮する淵田隊長は「全機突撃せよ」という攻撃命令を出した。攻撃の実行をハワイ時間七時五五分とするなら、この時間はＥＳＴ（米国東部時間）では一二月七日午後一時二五分であり、日本時間では一二月八日午前三時二五分となる。

当時、ワシントンの日本大使館に勤務する野村吉三郎大使と来栖三郎大使は日本の外務省（本省と呼ばれる）からEST（米国東部時間）一二月七日午後一時にアメリカ国務省に日米交渉打ち切りの通知状を提出するように指示されていた。この時間は現実の真珠湾攻撃開始の約三〇分前である。しかし、東京からの通知文の到着の遅れや「タイピストを使うな」という指示の故もあって、野村、来栖両大使の米国務省到着は予定より約一時間遅れて、午後二時〇五分頃となったようである。

この遅れの原因については種々と批判されてきたが、当時、ワシントンの日本大使館に勤務しておられた藤山楢一氏（戦後、駐オーストリア、駐英大使など）の手記によれば、日本大使館の担当官だった奥村勝蔵、井口貞夫両氏（ともに、戦後、外務省事務次官）には全く落ち度はなく、本省の指示通りに行動した結果の止むを得ぬ遅れだったと判断される(二)。

午後二時五分頃国務省に到着した野村、来栖両大使は直ちにハル国務長官に面会するよう希望したが、約一五分間待たされたので、ハルに面会できたのは午後二時二〇分頃で、真珠湾攻撃の開始から約五五分遅れた時だった。

ハルはすでに暗号解読で日本がどこかで戦闘を開始することを知っていた上に、ハワイからの通報で真珠湾攻撃を知っていたので、二人の日本大使に対して、

「自分の五〇年に及ぶ公僕としてのサービス（勤務）の期間を通じて、このような恥知らずの

文書は見たことがない」と怒りの表情を示し、両大使に退去をうながしたのだった。

## 二　真珠湾攻撃の歴史的評価

真珠湾攻撃には日本軍は第一陣として一八三機、約一時間後の第二陣には一七一機の攻撃機が投入された。このうち、未帰還機は二九機であった。真珠湾攻撃により、米太平洋艦隊の主力は失われた。航空機は二〇〇機以上が破壊された。米軍側の戦死者は二四〇〇人以上にのぼった。ただし、アメリカ側では、日本軍が艦船の修理施設や石油タンクを攻撃しなかったのは大きな誤りであり、特に石油タンクが破壊されておれば米海軍の行動は著しく制約されていただろうと指摘する向きもあった(二)。

いずれにせよ、真珠湾攻撃の翌日、米国東部時間の一二月八日、アメリカ上院は満場一致で、下院は三八八対一でアメリカの対日宣戦を承認した。

何故か、日本の真珠湾攻撃に感激した故か、ヒトラーのドイツも、アメリカに宣戦布告し、イタリアもこれに続いたので、世界はドイツ、日本、イタリアを主とする全体主義国家グループとアメリカ、イギリス、中国、ソ連による連合軍グループとが二大別されて戦うという構図となり、基礎的な国力の比較から見て、米英ソのグループの方が日独グループを上まわる見通しとなった。第二次世界大戦の対決の構図が単純化されたのである。

この単純化を最も喜び、巨大な工業力をもつアメリカが自分たちのグループに参加したことを最も喜んだのは、イギリスのチャーチル首相と中国の蔣介石主席だったと見てよい。真珠湾攻撃によって、日本にとって好ましくない国際情勢になったことは明らかであった。

山本五十六はアメリカに何回も駐在し、国際会議にも何回も出席していたので、アメリカの国力をよく知っていた。彼こそ、対米英開戦を阻止するため、最後までがんばってほしかった。

戦後の一九五一年秋、『週刊朝日』に沼津に住む山本の愛人ともいえそうな女性が山本から送られた多数の手紙を公開して大きな話題となった。

山本は当時の国民的な大スターだった。真珠湾攻撃は日本にとっての大失敗だったけれども、このような、当時としてはケタ外れの大きな作戦をやった山本の企画力には驚きの外はない。

しかし、山本はどこまでも対米英開戦反対で動くべきだった。海軍内にも対米英との戦争に反対または消極的なムードは根強かったとみて間違いない。

海軍が反対ということになれば、日米開戦は避けられた公算が大である。

山本は対米英開戦を阻止する力を、個人としては最も大きな力をもっていたのだから。

## 三　日本の戦勝ムードに冷水——忘れ得ぬドゥーリットルによる日本初空襲（三）

真珠湾攻撃の後、日本軍は東南アジア各地で進撃を続けて、一九四二（昭和一七）年一月二日にはマニラを占領、二月一五日にはシンガポール占領、四月九日にはフィリッピンのバターン半島占領という、日本軍勝利の報道が続いた。この方面の米軍最高司令官のマッカーサー大将は三月一一日、「私は帰ってくるぞ！（I shall return.）」というメッセージを残してバターン半島のコレヒドール島を脱出し、オーストラリアへと撤退した。

日本人たちが有頂天になっている時、四月一八日に、突然、東京、名古屋、神戸など日本各地がアメリカ空軍機によって爆撃され、合計約四五名の死者が出る被害が生じたのだ。

この米軍による日本初空襲はジェームス・ドゥーリットル大佐によって指揮され、B25型機一六機からなっていた。当時の日本で非常に有名になった米軍による日本初空襲だった。

前年（一九四一年）一二月の日本軍の真珠湾攻撃以後、日本軍に対して敗戦が続いていた米英軍側としては、日本軍に一矢をむくいたいとして、無理を承知の上で、決死の日本空襲を敢行したのだった。

空母ホーネットはサンフランシスコでB25型機一六機を積み込み、乗員たちは出発の前夜、サンフランシスコのホテルとしてはフェアモントと共に最高とされるマークホプキンズで激励会をしてもらった後、ホーネットに乗り込んで、サンフランシスコ港を出発し、日本近海へと向かった。

当初の予定では、もっと日本に近づいてからホーネットから発進する予定だったが、日本側の見張り船舶の「第二三日東丸」に発見されたので、急遽、日本から約一二〇〇キロメートルも離れた海域で母艦から飛び立った。パイロットの誰しも航空母艦からの発進は経験していなかったのに、一六機とも無事に発進した。

そして、四月一八日の正午頃から二時三〇分頃にかけて、東京、京浜地区、名古屋、神戸を空襲した。

神戸には一四時三〇分頃一六機のうち一機が飛来して市内の数カ所を爆撃した。私は当時、阪神間の芦屋に住んでいた。まだ満四歳だったが、近くの人が「空襲警報よ」と声をあげていたように思う。

東京では真昼の一二時一五分頃以後、空襲を受け、後楽園球場（現在の東京ドームの付近）、早大・大隈庭園付近、高田馬場駅近くが爆撃されたと伝えられる。

当時の日本の防空体制が貧弱だった故か、一六機はいずれも日本側の攻撃を受けることなく、一機はソ連領のウラジオストック近辺に、その他は中国大陸の国民政府が支配する地域へと逃げて着陸を試みて、大多数の飛行士が生き延びた。

東京の米国大使館で日本側の監視を受けつつ、いわば拘留されていたグルー大使は日記に次のように喜びの気持ちを表現していた(四)。

「爆撃が米軍の飛行機によるものと判り、大使館では全員が喜びにつつまれ、誇らしい思いが胸にふくらんでいた。あるイギリス人は、のちに、アメリカ人飛行士のために一日中杯をあげたと語っていた」

ジェームス・ドゥーリットルは九五歳ぐらいまで生きた、長命の人だった。

ドゥーリットル空襲は日本にとっての被害は軽微だったが、数年後の日本の完敗の予兆となるような出来事だった。

## 四　日本の敗戦に直結した、致命的なミッドウェー海戦の失敗

一九四五年八月一五日の日本の敗戦まで、私たち日本国民は戦争の詳細について知らされていなかった。八月一五日以降、新聞に少しずつ戦闘の経緯が報じられ始めた。もとより、サイパン、硫黄島、沖縄などでアメリカ軍が勝って、日本軍が敗退したような重要事項は戦時中でも報じられていたが、個別の戦闘については、「大本営発表」と呼ばれた、故意に日本側の勝利を思わせるような報じ方が多かったのだ。

しかし、終戦直後、一九四二（昭和一七）年六月五日のミッドウェー海戦での日本海軍の大敗が日米戦争の成り行きを左右したような、大きな意味をもつ大事件であったことなどが少しずつ公表されたのだった。

連合艦隊司令長官・山本五十六としては、真珠湾攻撃で、アメリカの空母が不在で、討ちもらしたことが気がかりだったのと、日本側が有利な間に、米海軍を徹底的にやっつけておきたいという強い思いで、ミッドウェーあたりでの決戦を望み、場合によっては、ミッドウェー島を占領して、この海域での日本軍の優勢を確立しておきたいとの期待から、一九四二（昭和一七）年五月二七日以降、空母四隻を主力とする大艦隊を構成して、ミッドウェー近海へと発進させた（五）。

アメリカ側は暗号解読などによって、日本海軍のミッドウェー作戦を三週間ほど前から把握しており、日本海軍の大艦隊が広島湾柱島付近の泊地を出て豊後水道を南下するあたりから、米側の潜水艦は日本側の動きをフォローしていた。

これに対して、日本側は米海軍の艦隊がどのあたりに居るのか分からず、索敵活動も全く不十分のまま、六月五日、ミッドウェー近海で米側の戦闘機や爆撃機との交戦に入った。

日本側は当初、艦隊決戦を予期して爆撃機には水雷を装置していたが、途中でミッドウェー島の施設爆撃のため、地上攻撃用爆弾を装置することに切り換えた。ところが、突然、索敵の飛行機から「敵空母発見！」という報が入ったので、急いで再び水雷を装置するように切り換えて、この切り換え作業が終わり、爆撃機が空母から発進しようとしている所に、運悪く敵の爆撃機が日本軍の赤城、加賀、蒼龍の三隻の空母を爆撃し、爆弾をつけていた日本の爆撃機も多くが爆発し、三隻の空母は火だるまとなって沈没または運行不能となる大惨事を引き起こした。

米側の爆撃機の来襲があと五分遅かったら、日本の爆撃機は多くが飛び立っていただろうとの思いから、「運命の五分間」と後々まで伝えられたのだった。

日本の空母「飛龍」だけは沈没せず、「飛龍」から発進した日本の爆撃機は米側の空母「ヨークタウン」を大破、炎上させた。しかし、「飛龍」も後刻、米側の攻撃により運行不能となった。「飛龍」の山口多聞艦長は海軍では山本五十六の後継者となるとして将来を期待されていた逸材だった。真珠湾攻撃とミッドウェー作戦とを南雲忠一ではなく、山口多聞を最高司令官としてやらせていたら、日本海軍にとって、格段に好ましい結果が得られていただろうという声も聞かれた。山口多聞は飛龍と運命を共にしてミッドウェー近海に沈んだ。まだ四八歳ぐらいという若さだったと記憶する。

ミッドウェー海戦では、艦船の数も航空機の数も日本軍は米軍を上まわり、戦力的には日本側が有利だったのに、日本側が完敗した。

例えば空母に関しては米側はヨークタウンを失ったのみだったが、日本側は主力の四隻を失った。航空機については日本側は三二二機を失ったが、米側は一七二機を失ったにとどまった。

何よりも日本側にとっては、熟練したパイロットを大量に失ったことが痛かった。ミッドウェーでの大敗以降、太平洋の海戦で日本側が米側に対して有利に戦うことはなかったのである。

## 五　太平洋のあちこちで、日本軍の悲報が続く（六）

ミッドウェーの日本海軍の大敗のあと、一九四二（昭和一七）年八月からのガダルカナル島をめぐる日米両軍の激闘と日本軍の敗退の頃から、私も幼稚園に入園する時期で我が家では父と旧制中学生の頃の兄とが戦況について熱心に話し合っていたので、戦いの経過を詳しく記憶している。

ガダルカナルの戦いは日米戦争でも重要な分岐点となったものだった。ガダルカナル島はオーストラリアの東北方に位置して、周辺の多くの島々の中では面積が広く、先に占領していた日本軍は、この島に広い平地があることから、ここに飛行場を建設しようとして作業中だった。米軍側はガダルカナルが日本が狙うアメリカ・オーストラリア遮断作戦の基地になることを恐れて、一九四二年八月七日、米軍はガダルカナル島に上陸し、日本軍を制圧した。日本軍は次々と増派隊を送ったが、米軍側の圧倒的な火砲力には対抗できず、日本側の補給力は弱く、ガダルカナルはガ（餓）島と言われるほど、兵士の餓死が発生し、結局一九四二年一二月末日にガダルカナルからの撤退が決定され、「転進」という新語で発表された。日本兵士の戦死者は二万一二〇〇名にものぼった。

一九四三（昭和一八）年四月一八日には、国民の間ですごい人気があった山本五十六大将（死後、元帥となる）が戦死した。ラバウルからブーゲンビル島の近くのパラレに飛ぶ飛行中にP38という米軍の双胴機一六機に襲われ、頭部に直撃弾を受けて死亡した。米軍は日本軍の暗号を解読して、待ち伏せしていたのだった。

同年五月一二日、アリューシャン列島のアッツ島は日本軍が占領中だったが、米軍の大軍が上陸し、日本軍のアッツ島守備隊約二五〇〇名は五月二九日には玉砕した。守備隊長の山崎保代大佐以下の奮戦ぶりは日本国内で大きく報道され、賞賛されたが、アッツ玉砕は当時の日本人たちにとって大きなショックだったことを記憶している。

一九四四（昭和一九）年に入って、日本軍が大量の戦死者を出して、戦争の大悲劇の一つに数えられるインパール作戦が始まった。全般的に敗勢が続く日本側にとって、ビルマ（現ミャンマー）北部の山岳部を制して、あわよくばインドに攻めこむ道を開こうとするインパール作戦は魅力的であったが、当初、参謀たちの検討では補給面に難点が多く、作戦として危険だという意見が大勢だった。

しかし、強引で、ワンマン的な牟田口中将の強い主張で、一九四四（昭和一九）年一月、この作戦は参謀本部で認可され、スタートしたが、完全な、大悲劇に終わった。この作戦による戦死者は四万人とも、七万人ともいわれ、少なくとも、従軍者の半数以上が犠牲になったと見てよい。この大悲劇を招く作戦を提唱し、作戦指導をした牟田口中将が戦後、無事、日本に帰還して、戦いの回顧録のような書をしたためたのは、少し不自然な気がした。

続いて、私たちの世代の者にとって忘れられないのは一九四四（昭和一九）年六月の米軍によるサイパン島攻略作戦だった。「サイパン死守」こそ当時の日本にとって国をあげての標語だった。「サイパンが米軍に占領されると、ここを基地として米空軍機が自由に日本空襲をするようになり、日本死滅につながる」として当時の東条首相ほか日本軍はサイパン防衛に力を入れて、「サイパンは絶対に大丈夫だ」と東条首相も胸を張る状態だったが、六月一五日、米軍は猛烈な艦砲射撃の後に上陸し、二日ほどで大勢は決したと伝えられる。日米間で火砲力にあまりにも大きな差があり過ぎたのだ。

サイパンでは日本軍の軍人約四万四〇〇〇人のうち、二〇〇〇人ほどを除いては戦死し、民間人二万人中約半数が戦死したといわれる。日本軍も民間人も島の北端に追いつめられ、民間人は主としてバンザイ・クリフと呼ばれた海べりの断崖で投身し、軍人の多くは海べりから離れて山側にあったスーイサイド（自殺）クリフから投身したといわれている。私はどちらの断崖も見学したが、当時をしのび、涙が出そうな気持ちになった。真珠湾攻撃の司令官だった南雲忠一中将も、サイパン島北端にあった日本軍の最後の司令所の近くで戦死又は自決した。

私たちが何とか守ってほしいと、必死に日本軍の奮闘を祈り続けていたのが一九四五（昭和二〇）年四月一日から始まった沖縄戦だった。

沖縄戦は六月二三日、牛島最高司令官と長参謀長の自決まで続いたとされるが、米軍による「鉄の暴風」と呼ばれる猛烈な砲撃に日本軍人も民間人もさらされる恐怖の戦いだった。沖縄県民約一〇万人が死亡し軍人は九万四〇〇〇人が死亡したといわれている（県民はほぼ四人に一人が死亡）。

忘れることができないのは、沖縄戦を前にして敢然と沖縄県知事に就任し、県民の生命を救うために必死の努力をした後、自決したと推定される島田叡知事のことである。当時、日本では知事は任命制だったが、前任の沖縄県知事が日本本土に帰ってきた後、政府は沖縄県知事の後任選びに苦労していた時、大阪府内政部長だった島田叡は「一般国民は徴兵制で、自分の意思に関係なく戦場に行かされる。我われ官僚も任地を選ぶべきでない」と所信を述べて、沖縄県知事就任を承諾したのだった。私の父と伯父（谷口豊三郎氏）とは旧制三高生時代、三高野球部の外野手として活躍していた島田のプレーを観戦していた。

この他、アメリカ兵士たちを驚嘆させるような日本軍兵士の奮闘が見られた硫黄島の戦いなど、戦争の悲劇の例はあまりにも多く、戦力に劣る日本軍の敗戦は止むを得なかったというほかはない。

## 六　日米戦争の日本側指導者、東条英機――昭和天皇に気に入られた忠僕

日米戦争開始の僅か五〇日前、一九四一年一〇月一八日に首相に就任し、一九四四（昭和一九）年七月一八日まで首相であった東条英機はまさしく太平洋戦争についての日本側の指導者だったと見なすことができよう。

ただし、東条は何事についても昭和天皇に相談し、昭和天皇の意向に沿って方針を決めていたから、おおいに憲兵を使って反対者を弾圧していたという側面はあっても、ヒトラー、ムッソリーニ、スターリンのような独裁者とは全く異なるタイプの人物だったと言える。

東条は「詔承必謹」をモットーとして、天皇の指示通りに、そして規則通りに職務をやりとげることに全力投球していたから、天皇には気に入られていても、当時のような、国際情勢の激動の時に、日本国の指導者としては不適任だったと言える。

逆にいえば、昭和天皇に気に入られていることが東条のもつ権力の源泉だったと言える。

なお、東条の憲兵政治による反対者への弾圧はひどかった。

精神論ばかり強調していたから、近代戦の指導には全く不向きな男だった。

昭和天皇は東条が首相を辞任した時に心のこもったはげましの文書を送り、「ますます自分（天

皇）の施政のためにつくせ」と希望を伝えた。

東京裁判で死刑となったが、処刑直後、昭和天皇は東条宅に使者を送り、「東条だけは本物だった」という意向を勝子夫人に伝えている。昭和天皇が東京裁判で七名の死刑執行直後に泣いたのは、東条の死を悲しんだからかも知れない。

日米開戦についていえば、首相だった東条がもっと柔軟な考えをして対応していたら避けられていたかもしれない。

東京裁判で被告となった東条を訊問した連合国の検事は東条が国際情勢についてほとんど知識をもっていないことに驚いたといわれる。ルーズベルトやチャーチルのような優れた先見力を持つ政治家に、東条が対抗できるはずがなかった。

東条のような、単細胞的で、国際感覚がなく、独裁者的で、天皇に忠義をつくすことを最重点にして行動する男は、激動期の日本の首相としては全く不適任だったというのが戦後の日本での世論だったと見なしてよい。

ただ、戦後、戦犯などの間で「何もかも、東条に罪をかぶってもらおう」と言って、自分は罪を逃れようとする動きが強かったのは、東条にとって気の毒であった。

## 七　厳重な監視体制——憲兵、特高警察、思想刑事、隣組による弾圧化の市民生活

私が本を著すに際して何かと教えていただいた小松左京氏は「自分が神戸一中に通っていた頃、神戸の街には憲兵や特高警察官が至る所にいて目を光らせていた」とその著書で記述していた（七）。また、私の伯父とは親交があり、私の父がその後援会の一員だった宮沢喜一元首相は「戦争が終わり、自由にモノが言えるようになった喜びは体験した者でないと理解できないだろう」と記しておられた。

当時、少年だったとはいえ、私が明確に記憶するところでは、戦後の連合軍による日本占領統治を恐れる気持ちは当時の日本人たちの間にほとんどなかったと考える。

現実面として、当時の日本人たちにとって、戦前・戦中の憲兵、特高警察、思想刑事、隣組、在郷軍人会などによる見張りと取締りの方がずっと恐ろしかったことは明白である。

我が家にあっては、父は電力供給の技術面を担当していたので軍務につかされる恐れは少なかったが、兄は中学生ながら勤労奉仕にかり出された。最も大きな苦痛を経験したのは母が隣組の種々の活動に参加させられた上に、隣組に居る「軍国オバサン」ともいうべき、女傑から、軍国精神をたたき込まれたことだった。

戦前・戦中の恐ろしい軍国主義による弾圧についてはすでに戦後、多くの文献が出版されているので改めて記述しないが、最も強い印象を与えたものとしては一九三五年の天皇機関説に対する弾圧事件と一九四四年から終戦時まで続いた横浜事件による弾圧事件があり、この二つの弾圧事件は私たちの世代にとって忘れることのできない教訓である。

すでに一九三三年の滝川事件の時にも、狂信的な天皇絶対主義者で、天皇崇拝者で、少しでも天皇崇拝の気持ちが十分でないと見なす者に対して徹底的な攻撃を加えていた簑田胸喜《みのだむねき》という、ウルトラ右翼の者が火をつけたのだったが、一九三五年には、またも簑田が法学の最高権威として貴族院議員に選ばれていた美濃部達吉氏の天皇機関説を徹底的に非難して、美濃部氏を「非国民」と名づけ、貴族院議員辞任に追い込んだ。

美濃部氏の天皇機関説は学会でも大多数の支持を得ていたし、昭和天皇も「天皇機関説でよいではないか。美濃部ほどの学者を追放するのは惜しい」との意向を洩らしていたと伝えられる。

この天皇機関説事件は右翼、国粋主義者の台頭を象徴するものだった。なお、多くの人びとを恐れさせた簑田は終戦の翌年の一月に郷里の熊本の自宅、あるいは自宅附近の山中で自殺した。

戦争末期に発生した横浜事件は警察によるデッチ上げを基礎にして、約五〇名の言論、出版関係者が検挙され、共産党に関係ありとの口実で言語道断の強烈な拷問が加えられ、三名が拷問によって獄死するという悲劇となった。この拷問が加えられている時に、終戦となり、検挙された人たちはやっと釈放された。

戦後、全くのデッチあげで検挙され、強烈な拷問を加えられた言論、出版関係者たちは拷問の下手人たちを告訴したが、僅か三名の者が一年六カ月から一年の懲役刑を言い渡されたのみだった。横浜事件は戦前、戦中の憲兵や特高警察がいかに恐ろしいものだったかを示す記念碑となったと言える。

治安維持法により、一九二八（昭和三）年から一九四三（昭和一八）年までに六万七二二二名もの多数の人びとが検挙された。

また、一九三二（昭和七）年、岩田義道虐殺、一九三三（昭和八）年、小林多喜二虐殺など、共産党関係の虐殺事件も多く発生していた。

## 八　雨中の神宮外苑競技場——出陣学徒壮行会の悲劇

私たちの世代の者にとって絶対に忘れることができない悲しい行事として、戦争たけなわの一九四三年一〇月二一日、東京、神宮外苑競技場（後の国立競技場）で挙行された出陣学徒壮行会がある（八）。

太平洋戦争の戦況が日本にとって不利となっていく中で、二〇歳以上の学生が軍隊に入ることを強制され、この記念に、文部省主催の出陣学徒壮行会が開かれたのだった。会場となった神宮外苑競技場では、それから二一年後の一九六四年一〇月一〇日、日本の戦後の復興のシンボルとなったとされる東京オリンピックの晴れの開会式を迎えたのだった。

出陣学徒壮行会が行われた時、私は幼稚園児だったので、この壮行会のことを知らなかったが、終戦直後の頃からも、この壮行会については多くの機会に人びとの間で伝えられ、マスコミでも取り上げられてきたので、私はこの式典の詳細を理解しているつもりである。

日本にとって戦局が悪化していた一九四三年九月二二日、日本政府は全国約百の大学、高等学校（旧制）、高等専門学校に在学中の学生に対する徴兵猶予を停止するとともに、徴兵年齢を一年早くする措置を発表した。そして、この新制度の発足を記念する意味もあってか、同じ年の一〇月二一日、神宮外苑で壮行会が開かれ、東京とその近県の七七校の学生が制服制帽にゲートルを巻き、銃をかついで行進した。見送りの家族や女学生など約六万五〇〇〇人が会場に集まったという。

東条英機首相、嶋田繁太郎海相、岡部長景文相らが出陣学徒を見送る政府首脳として参加した。当日の神宮外苑では、前夜から雨が降り続き、一〇月下旬とは思えぬ寒さだったという。私は、その後、この壮行会を一時間以上にもわたって録画した記録映画を見たが、東条首相は、「諸君はここに天皇陛下のために生命を捧げるという光栄ある機会を与えられたのだから、おめでとうというお祝いの言葉を贈りたい」と述べていた。

　雨中のこの行進に参加した出陣学徒の中には、運よく帰還して、戦後、有力な財界人として活躍した人もいる。出陣学徒の感想文を読むと、「寒さの余り、手がマヒするほどで、手に持つ銃を落とさないように必死だった」とか、「東条首相や岡部文相のあいさつの内容は記憶していないが、スタンドから女学生たちや後輩たちが私たちに魂《たましい》を込めて、力いっぱい声援を送ってくれたことが嬉しかった」といった記述が残されている。

　私が見た記録映画には、スタンドから声援を送ったという一九一七年生まれの高名な女性の政治学者が登場し、次のように語った。

「私もスタンドに居て、出陣学徒に声援を送っていましたが、学徒たちの行進が終わりに近づく頃に、スタンドに居た女子学生たちがいっせいにスタンドの最前列の近くに集ってきて、涙を流しながら、力いっぱい声援を送ったのです。あの光景は絶対に忘れられません」

　つい最近、二〇一三年頃、私は雨中の出陣学徒壮行会が挙行された国立競技場を訪れた。親切な係員の配慮のお蔭で、全く無人の国立競技場の内部を見ることができた。この競技場では、一九六四年一〇月一〇日には、東京オリンピックの開会式が挙行され、絶好の晴天に恵まれ、池田勇人首相や昭和天皇など、政府首脳や皇族たちとともに、大勢の日本人たちが待望久しかった、オリンピック開会式を見学する喜びを味わうことができた。

しかし、戦争の悲劇を体験した私にとっては、東京オリンピックよりも、出陣学徒壮行会の方が心に深くきざまれているというのが正直な気持ちである。国立競技場の入り口近くに、目立たない小さな碑ながら、出陣学徒壮行会を記念するモニュメントがつくられていた。

## 九　恐ろしかった空襲と機銃掃射――少年も狙われた

太平洋戦争の中頃から終末にかけて、幼稚園児から小学校低学年の児童だった私たちの世代の者にとって、生命の危険を感じるような恐ろしい経験としては、米空軍による空襲と米海軍の艦載機をもまじえた機銃掃射だったといえよう。

「十五年戦争」による戦争に原因する三一〇万人といわれる日本人の犠牲者の中で、空襲に原因する死者は東京大空襲と広島、長崎での原爆による犠牲者を含めて約四二万人程度とされ、割合としてはそれほど大きくないが、特に内地にいた民間人には強烈な恐怖感を与えたのが空襲と機銃掃射だった。

当時、神戸の西方にある明石海峡に面する舞子という風景の美しい漁村に住んでいた私たちは、空襲による直接的な被害はなく、海に面した我が家のすぐ近くで、漁船が機銃掃射を受けた時、けたたましい、大きな射撃音を聞いたことが二回あったのが特に恐ろしい経験だった。

しかし、神戸大空襲、明石大空襲の時は、ほとんどが夜間の爆撃だったが、夜空がうすい赤色で、くれない（紅）の色に染まったことが多く、心理的に恐ろしい経験をした。米空軍の爆撃隊の主力のＢ29という大型爆撃機は「超・空の要塞」と呼ばれ、プロペラ機だったが、その爆音はすごく大きく、不気味だった。

神戸では一九四五（昭和二〇）年三月一七日夜、三時間にもわたる夜間大空襲があって、約三千人が犠牲になった。大阪では、約五〇回にもわたって空襲があり、約一万人が空襲の犠牲になったといわれている。

空襲の犠牲者を統計として学ぶと、東京、広島、長崎を除外した、一般的な内地の諸地域の犠牲者は約十万人とされ、東京で約十万人、広島で約十五万人、長崎で約七万人とされているので、内地での原爆を含む空襲の犠牲者は約四十二万人という数字になるが、明確には判っていないようである。

日本の歴史上、絶対に忘れられない東京大空襲は終戦の約五カ月前、一九四五（昭和二〇）年三月一〇日未明（〇時八分頃）から約三〇〇機といわれる米空軍Ｂ29型爆撃機によって、東京の江東区を中心とする東部分が主として焼夷弾による徹底的な爆撃を受けて、空襲は二時三七分頃まで続き、約十万人といわれる東京都民が生命を失った。この夜は強い北風が吹いており、爆撃開始後三〇分足らずで、猛火は東京の東半分に広がったという（九）。

この米軍の大空襲に防戦すべき日本軍側は、友軍機の出動は全くなく、僅かに高射砲が数百発の砲弾を発射しただけだった。

終戦直後のドン底の日本社会で、〝赤いリンゴ〟の歌を明るく歌って大人気を得た並木路子さんは、東京大空襲の夜、母親と共に隅田川に飛び込み、意識を失ったが、見知らぬ人に助けられた。母親は死亡した。並木路子さんは父親、兄（二人か?）、恋人がいずれも戦死するという悲劇に見舞われながら、ドン底の日本社会に明るい「リンゴの唄」を送り続けたのだった（二〇〇一年に七九歳で死去）。

今日も東京大空襲を伝え続ける海老名香葉子さんは、当時、家族から離れて沼津近くに疎開していたが、東京大空襲で両親と兄弟姉妹のうち四名が犠牲になり、兄一人だけと自分だけが八人家族の中で生き残ったのだった。

私は数年前、海老名香葉子さんの講演を聞いたが、大空襲による家族六人の死を悲しむ話ばかりで、彼女から大空襲の発生についての怒り、批判、非難の言葉は一言も発せられなかった。私はこれが日本の女性の美徳なのかと考えたのだった。

## 一〇　マンハッタン計画——日本人が知らなかった原爆製造計画

日本人が連合国側によるポツダム宣言を受諾し、いわば降伏をする上で、一つのキメ手になったのが広島、長崎への原爆投下だった（一〇）。

一九四五（昭和二〇）年八月六日午前八時一五分頃、米軍機エノラ・ゲイから投下された原爆は八時一六分頃、広島市中央部で、現在も「原爆ドーム」が残されている地点で、正確には島病院の上空約五八〇メートルで大爆発し、約一五万人と推定される人命を奪った。原爆投下地点の近くに居た人が、「一瞬、太陽が他の惑星と衝突して爆発したと思った」と語った例がある。

この人類初の原爆をつくるために、アメリカでは一九四二（昭和一七）年から計画がスタートし、約一五万人がこれに従事し、当時の金額で約二〇億ドルが使われ、しかも予算に制限なしという条件で推進されてきたが、日本側はこの「マンハッタン計画」について全く知らなかったのだ。

一九三八（昭和一三）年、ドイツのオットー・ハーンによって核分裂の原理が証明され、核分裂によって巨大なエネルギーが生じることがわかった。この原理を応用したのが原爆であり、日本でも仁科芳雄教授（理化学研究所）、荒勝文策教授（京大）などを中心に原爆の研究を始める動きがあったようだが、莫大な資金、人材、資材を必要とするので、日本では無理であり、世界的にも、第二次世界大戦中は原爆が使われることはないと日本の専門家は推測していた。

しかし、アメリカでは、ナチの弾圧を逃れてアメリカに来た原子力科学者などを中心に、ナチ・ドイツよりも先に米英側が原爆を持つべきだという主張をして、アインシュタインの意向を受けたルーズベルト大統領の承認により、一九四二年から「マンハッタン計画」として、原爆の製造計画がすすめられた。

原爆をつくるには核分裂性のU‐二三五を高濃度にする方法と非核分裂性のU‐二三八に中性子源を照射して核分裂性のPu‐二三九をつくる方法があり、同時に並行して研究が進められた。

テネシー州オークリッジではTVA（テネシー峡谷公社）計画でつくられた豊富な水力発電を利用してウラン濃縮工場が建設され、一方、ワシントン州ハンフォードではプルトニウム抽出工場がつくられた。

そして、原爆を組み立てる重要段階の研究はニュー・メキシコ州ロス・アラモス研究所で行われた。

「マンハッタン計画」の推進で指導的役割を果したのがロバート・オッペンハイマーで極めて困難な原爆の組み立て、運搬、爆発について、天才的な能力を発揮した。私は在米中にロス・アラモス研究所を訪問し、オッペンハイマー博士の研究室を見学したことがあるが、往時をしのび、感慨深いものがあった。

ついに、マンハッタン計画は最終段階を迎え、一九四五（昭和二〇）年七月一六日、ニューメキシコ州アラモゴールドの黒い色をした荒々しい砂漠でプルトニウム型原爆の実験が行われ、成功した。この実験は「ゼロの暁」と呼ばれた。

かくして、翌月、八月六日にはウラン濃縮型原爆が広島で、プルトニウム型原爆が八月九日に長崎で投下され、人類史上に残る悲劇となった。

私は国際機関勤務の時に知り合ったゴールドシュミット博士（フランス原子力界の父と呼ばれた原子力科学者）の本を翻訳して、日本で出版したことがあるが、その本の中でゴールドシュミット博士は「完成した原爆をデモンストレーションだけに止めるということは、ルーズベルト大統領が最高の知的能力を発揮した頃のような、格別に強力な先見力によってのみ可能であったことだろう」と論述していた。

ルーズベルトはその年の四月に病死していた。しかし、ゴールドシュミット博士は「ルーズベルト大統領が健在だったら、原爆を実戦で使うような悲劇は避けられたかもしれない」と言いたかったのかも知れなかった。

「マンハッタン計画」の中心的人物だったオッペンハイマーは、終戦直後、日本の湯川秀樹博士をプリンストン大学に招くよう努力して、湯川博士は、当時、日本人の渡米は極めて困難だったのに、プリンストンで研究する機会を得たのだった。

## 一一　断末魔の日本を象徴する特攻隊と風船爆弾

一九四四（昭和一九）年一〇月の米軍によるフィリッピン・レイテ島上陸の頃から、レイテ沖海戦で日本海軍の完敗など日本にとって暗いニュースが続く情勢の中で、フィリッピンで大西滝治郎・航空艦隊司令官によって特攻隊を編制すべしという命令が下された。

山本五十六が最も信頼していた部下とされる大西は「現状のような日本軍の敗勢を挽回するためには、特攻隊方式でアメリカの巨艦を仕留める戦法を採用するしかない」という考えを固め、実行に移したのだった。

なお、この頃、一九四四（昭和一九）年一〇月、大本営は「台湾沖で米空母一一隻を撃沈」として発表し、日本中が大喜びしたが、現実には「撃沈なし」で、全くひどい誤報だったのである。

大西滝治郎の特攻作戦について、昭和天皇は、「そこまでやらねばならなかったか。しかし、よくやった」と特攻作戦を賞賛するような反応を示したという。特攻作戦は当時の日本の新聞、ラジオで大々的に取りあげられ、私たち小学校下級生の者も、特攻隊に強い関心を抱いていた。日本の特攻隊の攻撃は米軍兵たちに恐怖の念を抱かせた面はあったが、米軍は日本の特攻機が米国艦船に近づく前に討ち落とす戦術をたてたりして、実戦上の効果はあまりなかったという評価が一般的だった。

特攻作戦による日本軍の戦死者は三七〇〇名から四〇〇〇名程度というのが一般的な見方だが、もっと多かったという意見もある。

「日本は精神を重んじる国であり、特攻の成果よりも、その行為そのものに意義があったのだ」と名著『菊と刀』の著者、ルース・ベネディクトは記している。

なお、特攻には航空機による突入だけではなく、桜花、震洋、回天といった極端なまでに兵士の死を前提として攻撃する自殺的な攻撃手段もあった。

次に風船爆弾も、当時の日本ではおおいに宣伝されたもので、「風船爆弾で、米国中に大火災が起こる！」といった見出しの新聞記事もあった。

風船爆弾とは、和紙で作った気球に焼夷弾や爆弾をつるして、米大陸を攻撃する、いわば幼稚とも言える兵器で、北半球では日本から米国に向けて偏西風が吹いていることを利用するものだった（一二）。

一九四四（昭和一九）年九月八日、杉山陸相は、風船爆弾で米本土を爆撃する気球連隊の臨時動員を指示した。風船爆弾の製造には主婦や女学生が主として動員され、総計で九五〇〇個ないし、一万個も作られたと記録されている。同年一一月三日には太平洋岸四二地点から米本土に向けて風船爆弾が打ち上げられた。主な発射地点は茨城、福島、千葉の海岸だったという。

果たしてどの程度の風船爆弾が米本土に着弾したかについて正確な資料がないようであり、一般に約一割と言われているが、確認されたケースは三六一発だとも報じられた。

オレゴン州でピクニック中に風船爆弾を見つけ、「何だろう？」といって風船爆弾に触れた大人と子供を含む六名が突然の風船爆弾の爆発で死亡したケースがあった。

戦後、日本から婦人たちが風船爆弾による死者を慰霊するチームをつくり、オレゴン州の現地を訪問して地元の人びとに謝罪した。いかにも、日本人らしい心づかいだった。

アメリカ本土は極めて広大であり、上空から眺める広さの感じや航空機の所要時間で、シベリア大陸にも匹敵しそうな感じである。このような広大な国土に風船爆弾を飛ばすことは戦果としてはゼロに等しいことを当時の日本軍の幹部は理解できなかったのだろうか。

## 一二　戦争終結への重要会議——ヤルタとポツダム（一二）

アメリカなど連合国側が日本・ドイツなど枢軸国側に勝利する見通しが確実となった一九四五（昭和二〇）年に入ってから、アメリカ、イギリス、ソ連を代表する三巨頭（ルーズベルト、チャーチル、スターリン）は二月四日から一一日まで黒海に面したクリミア半島のヤルタに集まって戦後処理について話し合った。

ヤルタ会議について、日本では知られていなかったという説を取る人もいるが、それは誤りで、当時の日本の軍部や政界のトップ層はヤルタ会議が開かれることを把握していた。

吉田茂氏は岳父、牧野伸顕に「来るべき米英ソの巨頭が集まっての会議でどのような方針が示されるか、日本は注視すべきです」という書信を送っていた。ヤルタ会議での合意事項について、日本のトップ層はいろいろと憶測していたという。

その頃、日本国内でも、人びとの間で、ひそかに日本必敗を唱える人も多かった。戦争末期の当時、日本軍は米海軍の大阪湾への突入を防ぐために、紀淡海峡（和歌山と淡路島との間の海峡）に砲台を造る工事をしていたが、関西地方の人びとの中には、

「今頃になって、紀淡海峡に砲台を造っても何の役にも立たん」

とつぶやく人もいた。

私はヤルタ会談が行われた現地を二〇一〇年の初夏に見学した。私の好きな、森の都キエフで夕方に列車に乗り、翌日の朝一〇時頃、ヤルタに近いシンフェロポリに着き、そこから自動車でヤルタに向かった。ヤルタは黒海に面した美しい保養地で、地形としては日本の熱海に実によく似た都市だった。

ヤルタでは、学校で英語の教師をしていたというインテリ風の婦人にヤルタ会談が開催されたリバディア宮殿など、ヤルタ市内を案内してもらった。

ルーズベルト米国大統領の健康状態が悪かったのだが、ルーズベルトはワシントンから船で地中海のマルタ島に行き、マルタからヤルタ近くまで飛行機で飛んだが、飛行場からヤルタ市内まで自動車で悪い道を七時間もゆられて、やっと到着したのだった。

アメリカ側は当初、巨頭会談を地中海で開くよう主張したが、スターリンは「自分の健康状態にかんがみ、ヤルタにしてほしい」と強く主張したのだった。ルーズベルトは健康状態が悪かったのに、ワシントンから一二日間もかかってヤルタに到着したのだった。

ルーズベルトの健康状態を考えて、彼を含むアメリカ代表団は会場となったリバディア宮殿に宿泊したが、英国とソ連の代表団は他の宮殿などに宿泊した。

ヤルタ会談では、スターリンの強力な主張に押しまくられたというのが一般的な理解となった。ルーズベルトとしては、対日戦での勝利は確実になっていたが、なお日本を降伏させるには相当の犠牲が必要と考え、ソ連から対日宣戦を行うとの確約を得たかったとされる。

ソ連は対日参戦の代償として、南サハリン、千島列島をソ連領にすること、また、東ヨーロッパ諸国をソ連圏内に入れることをルーズベルトに約束させたとされる。

とくに、ポーランド議会を親ソ派で占めることを米国側は承認したとソ連は後に主張した。

リバディア宮殿は荘厳な作りだったが、ヤルタ会談が開催された会場は、学校の講堂のような、ごく質素な会議場という感じだった。

七日間に及ぶ会議を通じて大張り切りで、元気いっぱいだったのはスターリンで、ルーズベルトは病気の故か元気がなく、チャーチルは冷静な態度だったという。喜び過ぎたのか、スターリンはヤルタの街の一角に「ルーズベルト通り」という名前をつけた通路をつくったのだった。ルーズベルトは、ヤルタでソ連の対日参戦の約束をとりつけたことで満足していたと伝えられるが、英国で外相と首相をつとめたことがあるアンソニー・イーデンは「その次を考える必要がある。ソ連の戦後における拡張は、ヤルタでの米国の譲歩が原因だ」と論じていた。

ヤルタ会談に続いて、ドイツはすでに降伏し、日本のみが世界中の国々を相手にして絶望的な戦いをしている中で、七月一七日から二六日まで、日本に降伏を勧告するポツダム会議が開かれた。ベルリン郊外の森や庭園が多い美しいポツダムの町で、サン・スーン宮殿内部の歴史的な会場は、小ぢんまりとして、静かな環境の中にあった。

ルーズベルトは四月一二日に病死し、トルーマンが米代表で、ソ連代表はスターリン（ただし、ソ連は日本と戦争していない状態だったので非公式参加）、英代表はチャーチルだったが、途中で、英国内の政権交代により、アトリーに交代した。

日本の敗戦は決定的だったが、ポツダム宣言について日本の鈴木首相が「ポツダム宣言には新味がなく、黙殺するのみ」と言明し、黙殺が外国でignore（無視）、reject（拒絶）と訳されたので、原爆投下や対日参戦の口実にされた面があった。当時の迫水久常官房長官は「黙殺とはノー・コメントの意味だった」と語った(一三)が、それなら日本側でremain quiet(静観する)とでも訳して発表すべきだった。

アメリカとしてはポツダム会議の初日に原爆実験成功(ニューメキシコ州アラモゴールドで)の報を受けていたので、今さらソ連の対日参戦を必要とはせず、むしろ、ソ連の対日参戦がない状態で対日戦を終結させたかったのだが、その通りには推移しなかった。

日本のポツダム宣言受諾が遅れたことが満州、シベリアでの大悲劇をもたらす原因となった。

## 一三　日本の「ポツダム宣言受諾」に貢献した米国側による「天皇制維持」のヒント

日本は敗戦必至という情勢下、ソ連に仲介してもらって和平にこぎつけようとしていた。高齢の鈴木貫太郎首相は「スターリンさんは西郷隆盛のような男気のある人だと思う」という的外れの発言をしていたが、スターリンについての知識が全くなかったとしか考えられない。

ポツダム宣言発表、広島への原爆投下、ソ連の対日宣戦、長崎への原爆投下と、一九四五(昭和二〇)年七月末から八月初旬にかけて、日本中に断末魔を告げるような衝撃的な事件が続き、日本政府はついに八月一〇日、「国体の変更なし(天皇制維持)という条件つきでポツダム宣言を受諾する」と中立国を通じて、通告したが、これに対する米国側の対応はいかなる経緯を経たのか。

もともと米国政府内にも知日派であるグルー元駐日大使を中心に、「戦争を早期に終結させるために、日本の皇室存続を認める」という意向をもつグループもあった。

しかし、当時の米国民の世論は圧倒的に天皇に対する厳罰を求める声が強く、政府内部にもこれを支持する声もあった。

しかし、天皇制存続を日本に示唆する動きがあったことが二〇一四年八月一二日付の産経新聞の報道によっても報じられている。

この報道によると、日本のポツダム宣言受諾の直前に、当時、中立国だったアイルランドとアフガニスタンに駐在する日本の外交官が米国や現地の外交関係者などから、「米国は日本による皇室存続の要求を受け入れる」との意向を示す、シグナルを受けて、すぐにこの事実を東京の外務省に緊急電報で知らせた。これを受けて、東郷茂徳外相はこの事実を昭和天皇に報告した。

昭和天皇がポツダム宣言を受け入れるための最後の御前会議で、反対する阿南陸相に対して、「阿南、泣くな。自分には国体護持の確証がある」と語った背景にはこのような米国サイドからのシグナルがあったと考えられる。

私の九年間のアメリカでの生活経験から考えて、アメリカ国民は概して君主制には冷淡だと考えられる。しかしながら、ポツダム宣言発表の頃は米国としては早急に対日戦を終わらせたいという希望が強かった。日本はもはや戦争を続けることは不可能という状況に近かったが、硫黄島や沖縄戦での日本兵の驚異的な奮闘を見て、日本本土の征服には多大の犠牲が必要と米国側では考えていた。

その故に、天皇制を民主化された形で存続させることを認めて、日本降伏が実現するなら、それでも良いではないかという、いわばグルーの提案が支持される可能性が生じてきたのだ。

対日強硬派とされたバーンズ国務長官やアチソン氏及びこれを支持するマーシャル参謀総長に対して、基本的に天皇制存続を認める路線のグルー元駐日大使及びスティムソン陸軍長官との調整によって、アメリカの対日回答として、「降伏の時より天皇及び日本国政府の国家統治の権限は連合軍最高司令官の支配下（subject to）におかれる」という条項と「日本の究極の政治形態はポツダム宣言に準拠し、国民の自由意思によって決められる」という条項に集約された。そして、サンフランシスコからの放送という形で日本側に示された。

日本側に若干の異論はあったが、昭和天皇はこの米国回答に満足し、ここに日本のポツダム宣言受諾が決定した。

昭和天皇はポツダム宣言受諾を決めた直後、皇族たちと懇談会を開き、朝香宮が「天皇制存続が認められない場合は、ポツダム宣言を受諾しないのか」と質問したところ、「もちろん、そうだ」と答えたと報じられる。

それであれば、米国側が示した天皇制についての妥協的、容認的態度とそのヒントは日本国民を「本土決戦」、「一億玉砕」の狂信的な叫び声がもたらす大悲劇から救ったことになったのだ。

## 一四　日本民族の大悲劇となった満州引揚げとシベリア抑留

戦争による日本人の大悲劇の中でも、戦争末期に満州で起こった、ソ連軍による満州への侵入に際する民間の日本人の悲惨な運命とその体験は涙を誘う、悲しい物語である。

それとともに、満州、中国東北部、朝鮮北部に居た日本兵士など約六〇万人がシベリアに抑留され、その約一割が死亡した事件も「シベリア抑留の悲劇」として今日にまで語り伝えられている。

「満州は日本の生命線だ」とか、「新しい大地、満州へ行こう」という日本政府の満州移住奨励策で当時、満州には約一五五万人の日本の民間人が住んでいたとされる。これを守る強力とされた関東軍はその多くが太平洋各地の激戦地に送られ、関東軍は弱体化していた。

そのような時、ソ連軍は対日宣戦し、大量のソ連兵が満州に攻めこんだ。八月一五日の日本降伏から僅か六日前のことだった。

辺境の日本人村では約二二万人の日本人が置き去りにされ、攻めこむソ連兵から守る手段は全くなかった。

私の知る女流作家、林郁氏は戦後、早い時期に旧満州を訪れて、日本人の満州での悲劇を取材し、いくつもの名作を著したが、その中である女性の体験談として、次のような悲話を紹介している（一四）。

「ソ連軍が迫っており、逃げないと殺されると言うので、日本人たちは、軍部の絶対的な命令で子供を殺して逃げることになり、私も我が子を殺したと思って逃げ始めた時、死んだと思っていた子供が、腹から血を流しながら、『お母さん！』と叫んで、私を追っかけて来たのです」

林郁氏の作品ではないが、私が戦後三〇年ほどした時に読んだ満州での逃避行の体験談も忘れられない。三人の子とともに逃げた女性の悲話である（一五）。

「満州北部から子供三人をつれて、必死の逃避行を続けましたが、栄養失調で次男が死に近い状態になりました。いっしょに居た婦人から『この子は危ないですよ。今日は一日中、この子といっしょに居てあげなさい』と言われた時は、覚悟はしていたけれども、ドッと涙が流れ出ました。一生懸命に子の名を呼びながら、抱いていましたが、亡くなりました。我が子の死を見つめる時間は、気が狂いそうな時間でした」

満州から日本への引揚者は、何故か、日本社会でバッシングにあったという話が多く、二重の悲劇ともいうべき体験をしたのだった。

シベリア抑留の悲劇も、当時の日本で大きく取りあげられた事件だった。終戦とともに、太平洋各地や中国、東南アジアに居た日本兵や民間人たちは、ほぼ早い期間で日本に帰還できたのに、満州、中国東北部、サハリンなどソ連に近い地域に居た日本兵や民間人たち約六〇万人が主としてシベリアだったが、ウラル西方に至るまでソ連各地に抑留され、国土建設のための作業に従事させられた。シベリアなど各地で厳寒の気候のもとで少量の食事、劣悪な食事という悪い待遇で強制労働を課され、約一割の人びとが死亡したといわれている。

この件もあって、戦後の日本では対ソ連感情は悪かった。なお、シベリア抑留について、一九九〇年から翌年にかけて、ゴルバチョフ、エリツィン両大統領は日本に対して謝罪の意を表明した。

満州、シベリアの悲劇は私たちの世代の者にとって忘れられない記憶となっている。

## 一五　日米戦争の勝利者、F・D・ルーズベルトを分析する

日本は一九三一（昭和六）年一〇月の満州事変勃発から一九四五（昭和二〇）年八月のポツダム宣言受諾まで、「十五年戦争」と呼ばれる長期間の戦争をしたことになったが、日本が中国の国民政府と戦った期間には、アメリカが相当に力を入れて国民政府を支援しており、直接的な日米戦争の期間を入れて、一五年間ほど、アメリカを敵として戦っていたという意味があった。

そのアメリカでは一九三三（昭和八）年三月にＦＤＲ（フランクリン・デラノ・ルーズベルト）が大統領に就任し、終戦の年（一九四五年）の四月一二日の死去まで、一二年間以上も大統領を務めていたので、日本の敵はルーズベルトだったという意味もある。私は日本にとって因縁が深いルーズベルト、そしてアメリカで全く例外的に大統領四選を果たしたルーズベルトについて興味を抱き、九年間のアメリカ生活の間にもいろいろとアメリカ人の間でのルーズベルトの評価を調べてきた。

ルーズベルトは第二六代大統領テオドル・ルーズベルトと縁続きであり、一八八二年ニューヨーク州の名門家庭の一人っ子として誕生した。生家はニューヨーク市から北へ自動車で一時間半ほどで到着できるハイド・パークという町にあり、ハドソン川からも遠からぬ場所にある。私は訪れたことがあるが、広々とした庭園をもつ邸宅である。彼は三八歳か三九歳の時に小児マヒを患い、身体が不自由になったが、ニューヨーク州知事に当選し、一九三二年の大統領選挙で勝利し、米国の三二代目の大統領になった。

時あたかも、世界的な大不況でアメリカ経済も危機にあり、失業問題が深刻だったが、ルーズベルトはニューディールと呼ばれる社会保障や雇用造出に力を注ぐ政策を取り、これが成功したとされている。ＴＶＡによるテネシー峡谷開発はこの一つだった。

ルーズベルトは特定の主義はもたず、臨機応変に危機に対応する手法をとった。彼は先見力に優れ、世論を重視し、ラジオの「炉辺談話」などを通じて大衆と直接に話しかける方針をとった。

当時は君主制を採用する国は二〇一六年の今日より多数だったが、ルーズベルトは王政の力よりも、大衆の力が強くなることを予見していた。国際政治面では、いずれ米国は日独伊の全体主義国家グループと対決するグループの中心にならざるを得ないと予測していた。また、アジアでは中国の蔣介石政権を中心にすべきだと考えていた様子で、特に蔣介石の妻、宋美齢を応援していた。

ニューディールの推進については、米国内の保守勢力の批判、反対もあって、必ずしも円滑に推進したとは言えなかった。しかし、ヨーロッパでナチ・ドイツの勢力拡大もあってアメリカも軍備の増強をせざるを得ず、特に一九三九（昭和一四）年の欧州における第二次世界大戦の勃発を機として、世界は戦争経済へと移行する情勢となり、ニューディールが成功したか否かは不明確のまま終わったという見方もある。しかし、ニューディールをやった方が、やらなかった場合よりは良かったという意見は根強い。

ルーズベルトは第二次世界大戦の終結の寸前に病死したが、その施策の結果として、アメリカは世界の指導国となり、強力な国家として世界に君臨することになった。今日もアメリカ国内でルーズベルトを称賛する声は強い。

しかし、ルーズベルトについて批判する声もあり、ルーズベルトとの大統領選に敗れた、前大統領のフーバーによるルーズベルト批判は有名である。フーバーは、「ルーズベルトのアジア政策が悪く、日本を必要以上に追いつめたために日米戦争が起こり、アメリカは一一万人もの犠牲者を出した。日本をアジアにおける反共勢力として重視すべきだった」と主張し、「中国共産党による中国統一とアジアでの影響力の増大はアメリカのアジア政策の失敗の故だ」とルーズベルトを批判した。

この他にも、ルーズベルトについては、ヤルタでのソ連への譲歩と中国政策の失敗をとりあげる学者は多い。

しかし、現実に、アメリカは世界不況やナチ・ドイツや日本が挑戦してきた危機を乗り切り、世界の指導国の地位を不動のものにしたので、ルーズベルトはアメリカのために偉大な貢献をしたという声の方が大きかったと言える。

**注**

(一) 藤山楢一『一青年外交官の太平洋戦争』
(二)『歴史読本』編集部編『日米開戦と山本五十六』新人物往来社、二〇一一
(三) T・W・ローソン　野田昌宏訳『東京奇襲』朝日ソノラマ、一九八二
(四) 講談社編『日録20世紀・一九四二』講談社
(五) 伊藤正徳『連合艦隊の最後』光人社、二〇〇四

(六)　黒羽清隆『太平洋戦争の歴史』講談社、二〇〇四
(七)　小松左京『やぶれかぶれ青春期』旺文社、一九七五
(八)　講談社編『日録20世紀・一九四三』講談社、一九九七
(九)　早乙女勝元『東京大空襲』岩波書店、一九七一
(一〇)　山極晃・立花誠逸編集・岡田良之助翻訳『資料・マンハッタン計画』大月書店、一九九三
(一一)　朝日新聞社『戦争と庶民』三　朝日新聞社、一九九五
(一二)　講談社編『日録20世紀・一九四五』講談社、一九九五
(一三)　同右
(一四)　女流作家、林郁氏の著書による。
(一五)　花森安治編集『暮しの手帖』一九七五秋

# 第六章　マッカーサー体制による新しい国づくり

## 一　焼け野原の日本に君臨したD・マッカーサー

終戦直後、八月一五日から講和会議までの約六年間の日本で最も大きな存在感を示していたのは、連合軍総司令官・ダグラス・マッカーサーだったと言えると思う。GHQ（総司令部）による日本統治は間接統治とされ、日本の政府も首相もいたが、マッカーサーを頂点とするGHQの指示は絶対的な権威を持っていた。

ダグラス・マッカーサーは一八八〇年生まれで、スコットランドから米国に移った名門一族の出身で、父親のアーサー・マッカーサーも陸軍軍人で、ダグラスは父親の任地アーカンソー州リトルロックで誕生した。陸軍大学では歴史に名が残るような優秀な成績を示した。ダグラス・マッカーサーが初めに結婚した女性は自己主張が強いタイプの才媛で、この結婚は失敗したが、一九三七年、五七歳の時に、従順で温和なタイプのジーン夫人と結婚し、今度は仲の良い夫婦だったといわれる。

マッカーサーは太平洋戦争のへき頭、フィリッピンで日本軍に敗れてオーストラリアへ撤退したが、その後、盛り返して日本を降伏させ、一九四五（昭和二〇）年八月三〇日、厚木飛行場に降り立ったのだった。

有名なマッカーサー回顧録では、マッカーサーが指揮した連合軍の日本占領行政について、結論として、「古代スパルタのようだった日本を民主主義に基づく、立派な、新しい国に変えた。この変化は日本人たちのあらゆる階層から歓迎された。また、日本はアメリカにとって有力な友好国となった」とマッカーサー自身の功績として自負している(一)。マッカーサーは吉田茂首相と昭和天皇との友好的な関係を保ちつつ、日本を米国にとっての有力な同盟国に導いたと言える。

私は米国生活中で、一九六三年にはアイゼンハワー元大統領がスピーチをする現場を見たほか、一九八七年頃、レーガン大統領夫妻がニューヨーク市内のマディソン・アベニューを自動車で通過する現場を見たが、アイゼンハワー、レーガンが大衆的で、親しみやすい雰囲気をもっていたのに比して、マッカーサーは映画などで見る限り、秀才タイプで、威厳に満ちたパーソナリティーの人物だったと思う。この故に、マッカーサーは大統領になる野心はもっていたが、実現性はなく、一九四八年の大統領選についても、早々に断念した形となった。

一九四八(昭和二三)年一月、マッカーサーは「日本は太平洋上のスイス(中立国)となれ」とのメッセージを発表したが、その頃から、米国政府は「日本をアジアにおける共産主義勢力の進出をとめる防波堤にすべし」との意向に変化していた。

マッカーサーも吉田茂も、日本独立後、非武装中立的な安全保障を考えていたフシはあったが、昭和天皇が強硬に米国との同盟による安全保障方式の実現に動いたこともあって、現行の日米安全保障方式となったと考えられる。

なお、当時の米国大統領のトルーマンとマッカーサーとは、もともとウマが合わないと噂されていた。マッカーサーがエリート的軍人として華々しい経歴をもつのに比して、トルーマンは小規模な商人だった経験を持つ、いわば、たたきあげ的な人物だったからだといわれる。

朝鮮戦争をめぐって、マッカーサー、トルーマンの意見は対立するケースもあり、結局一九五一（昭和二六）年四月一一日、連合軍司令官の任免権を持っていたトルーマンはマッカーサーを解任したのだった。

## 二　国民が怒りを爆発させた東条の自殺失敗

八月一五日の日本敗戦に続き、マッカーサー元帥など米軍を主力とする連合軍が日本に進駐を開始、日本の政府や軍のトップ層の要人の逮捕という動きの時に、東条英機の自殺失敗という事件が起こった。

東条内閣は一九四四（昭和一九）年七月一八日、サイパンを失うなど戦況の悪化の故に総辞職した。

東条辞職に際し、昭和天皇は東条に、「よくやってくれた。時局はますます重大なので、努力して朕の信頼にこたえよ」という書簡を送っている。

東条としては、いずれ自分が首相に復帰する機会があると考えていたかもしれない。

敗戦から一カ月もたたぬ九月一一日夕刻、東京・世田谷・用賀の東条邸に、米軍兵が東条逮捕に向かった時、東条はピストルで自殺をはかったが、死にきれず、アメリカ陸軍の病院に収容され、治療を受けて一命を取りとめた。国民の間では、自殺するつもりはなく、「狂言」ではないかと憶測する者もいた。国民の中には東条に対して「早く自決せよ」と怒りの声をあげて、棺桶を送った例もあった。一方、要人の中には、東条には「天皇に責任はない。すべて自分がやったので、責任はすべて自分にある」と主張して天皇を守ってほしいと望む声もあった。

東条の自殺失敗の報を受けて、国民の東条非難が爆発した。「東条の悪口を言わぬ者は日本人ではない」という状態になった。

サイパンなど激戦地で、日本軍が追いつめられた時は、うら若い従軍看護婦や民間人の女性でも、立派に自決した例が多い。

サハリンの真岡（真岡は、当時日本領だったサハリンの一地名）では、郵便局の若い女性電話交換手たち一一名がソ連軍が迫ってくる情況の中で、「サヨナラ！サヨナラ！」と通話して服毒した。九名は死亡し、二名は助かったが、非番だった一人の女性交換手も服毒して死亡したので、自決者は一〇名となった。

しかも、東条は陸軍大臣として一九四一年一月に「生きて浮虜となる恥ずかしめを受くるな！」という戦陣訓を発表している。

「恥を知れ！恥を！」という東条への罵声が日本中に満ちた状態になった。

東条の孫の東条英勝という当時、小学二年生の学童は静岡県の伊東に転校した時、先生たちが東条の孫の担任になることを拒否し、彼は運動場に居ることを余儀なくされた。

日本が大悲劇を招いた責任を東条英機だけにかぶせることはできないが、真珠湾攻撃を前にして、対米開戦を最も強く主張したのは東条と海軍の総大将だった伏見宮、参謀総長だった永野修身らだったし、東条は当時の首相だったのだ。

また、東条自身にとっても、その件の約三年後、東京裁判の判決によって死刑を執行されたのだから、あの時の自殺失敗は不名誉となったと思う。約三カ月後、近衛文麿元首相が服毒自殺した時、ある有力新聞は「東条氏の自殺失敗は喜劇的だったが、近衛氏の自決は悲劇である」と評していた。

## 三　ボケ元（グズ元）と呼ばれた杉山元・元帥の妻・啓子夫人による壮烈な自決

八月一五日の終戦の時から、日本国民の間では、政府や軍部の要人の多くが敗戦の責任をとって自決するだろうと予測する人が多かった。「生きて捕虜になるより死を選べ」という戦陣訓の存在もあったし、特に日本軍人は多くが自決するだろうという憶測があった。

ところが、実際には、政府・軍部の要人の中で自決した例は意外に少なかったと言える。この感想は戦後の政府与党の党人派グループの実力者だった大野伴睦氏が語っていたし、私の父もそのような感想を話していた。

イギリスに永らく住んでいた有名な経済学者、森嶋通夫氏はこの問題を取りあげ、日本人は責任観念が曖昧なので、自決する例が少なかったと判断していたと記憶する。

現実に、敗戦時に自決した要人は、日米開戦時の東条内閣の閣僚では橋田邦彦文部大臣と小泉親彦厚生大臣の二人だけで、共に東大医学部の出身だった。他には、終戦時の鈴木内閣の阿南陸軍大臣、特攻隊生みの親と言われる大西滝治郎中将、本庄繁大将、戦犯指名を受けた近衛文麿元首相、終戦時に降伏に反対する軍隊を制圧した田中静壹大将らを数えるのみだったと言ってよい。対米英開戦時の首相だった東条英機元首相は自殺をはかったが、失敗して米軍の病院で手当てを受けて回復した。

このような状況の中で杉山元・元帥は陸軍大臣や参謀総長、首都圏防衛の最高司令官など、軍の要職を多く歴任したが、典型的な大勢順応型の人物で、自分の主張が弱く、ボケ元、グズ元、便所のドアなどと呼ばれていたが、啓子夫人の強い指導力によって自決を断行し、同氏の自決の報を電話で受けた啓子夫人はすぐに、自らも自決したのだった。

杉山元帥夫妻の自決は東条大将が自決に失敗した翌日にあたる九月一二日の夕刻六時少し前で、杉山元帥は陸軍司令部で四発の銃弾を発射して自決した。杉山元帥は軍人なのに、拳銃の使い方がわからず、部下に教えてもらってから発射したという。

八月一五日以降、杉山元帥は啓子夫人から一日も早く自決するように説得されていたという。夫人の説得でついに自決を実行したのだった。元帥自決の報を自ら世田谷区下北沢の自宅で電話で聞いた啓子夫人は、すぐに離れの仏間に入り、純白の死の装束をまとって、短刀で自らの心臓を刺し、死を迎えた。軍人の妻は夫とともに責任を取るという壮烈な自決を断行したのだった。

なお、杉山元帥は物事の推移をきちんと整理し、記録しておく性格だったようで、日本が戦争に進む頃から戦争の終末に至るまでの軍部の最高指導層の動きや、昭和天皇との意思の統合、それに関する資料をこまかく整理した「杉山メモ」を残している。「杉山メモ」は戦争についての日本の最高指導層の動きを記録した貴重な文献で、一般にも、原書房によって上・下二冊の本として出版されている（参謀本部編『杉山メモ〈上〉〈下〉』原書房、二〇〇五）。

## 四　昭和天皇、マッカーサーを訪問す（九月二七日）

私の父の京大工学部電気工学科での後輩だった野田順二氏（元関西電力常務）の長女、和子さんはすごい美人で、頭脳優秀で、小学一年生になる前から、新聞の小説を読んでいたのだったが、私も和子さんほどではないが、子供の頃から新聞を読むことが好きで、小学一年生の頃以降は毎日、新聞を熟読していた。

終戦直後の頃の新聞報道で、日本人にとって印象深かったのは、八月三〇日、マッカーサー元帥が厚木飛行場に到着した写真だったが、これに続き、九月二七日に昭和天皇がマッカーサーを訪問した際に、天皇とマッカーサーが並んで立っている写真が二日後の九月二九日の各紙に掲載されたことは、日本人に強い印象を与えた。

長身のマッカーサーが、軍服の一種だったのかもしれないが、全くラフな服装でゆうゆうとした感じで立っているのに比して、昭和天皇は正式の礼服姿で、緊張した表情で写真に写っていた。いかにも、勝者と敗者という感じだった。

この時の東久邇宮内閣の内務大臣は、内務官僚出身の山崎巌氏だったが、コチコチの保守派で、守旧派だった様子で、「このような写真は不敬罪にあたる」として各新聞社に天皇・マッカーサーが並ぶ紙面の回収を命じたのだ。しかし、ＧＨＱの反対で立ち消えとなった。天皇・マッカーサー会談は「なるだけ早くやった方が良い」と考えた吉田茂外相（当時）が動いて実現したものだった。

九月二七日朝、九時五分頃、昭和天皇はベンツ型自動車で皇居を出発し、赤坂の旧米国大使館に到着し、マッカーサーとの会見にのぞんだ。この会談の通訳は日米開戦時にワシントンの日本大使館で勤務し、対米開戦通告の遅れに責任があったという説もある奥村勝蔵氏だった。

この歴史的会談の両者の発言内容は一九七五年一一月号の文芸春秋に作家、児島襄氏が発表した報告と、それと同じと見てよい外務省による二〇〇二年一〇月の発表文の通りであり、天皇が戦争を招いたことを遺憾とする意向を表明するとともに、連合軍の占領統治に全面的に協力すると誓った内容である。

この会談で、マッカーサーは昭和天皇に著しい好感を抱いたことが『マッカーサー回想記』でマッカーサー自身によって記述されている。マッカーサーによる昭和天皇絶賛論の主な論点は、（マッカーサー元帥の主張）「会見当初は天皇が緊張していたので、この緊張をやわらげるよう努力した。『日本のすべての行動について自分（昭和天皇）に責任があり、自分を連合国側の裁決にゆだねるために来た』と天皇が発言したので、自分（マッカーサー元帥）は大感激した。天皇は日本最高のジェントルマンであり、民主主義の精神を身につけており、占領政治の成功は天皇の誠実な協力と影響力による所が大きい」というところにあった（二）。

昭和天皇もマッカーサーが自分を好意的に迎えてくれたことに感激した様子で、会見を終えて皇居に帰る車中では、明るい表情で、快活に話し続けたと報告されている。

終戦当時、海外諸国における昭和天皇に対する世論は極めてきびしかったことが多くの文献に残されている。昭和天皇が生き永らえたのは、米国政府内部でのグルー元駐日大使と日本占領の責任者、マッカーサー元帥の好意的対応のお蔭と言ってもよいであろう。

私はニューヨークのマンハッタン区の中心部にあるウォルドーフ・アストリア・ホテルのすぐ近くの事務所で八年余り勤務したが、その時、一九七五年九月末から翌月にかけて、昭和天皇夫妻は米国を訪問し、ニューヨークではウォルドーフ・アストリア・ホテルに宿泊された。このホテルはマッカーサー元帥夫妻が一九五一年に帰国して以来、長期的に使っており、一九六四年四月にマッカーサー元帥が他界した後も、ジーン夫人はこのホテルを住居としていた。

昭和天皇夫妻は訪米に際し、首都ワシントンから遠からぬウィリアムズバーグという、昔の姿のままの街並みを保存している観光地で二泊された。ウィリアムズバーグから自動車で三〇分ぐらいの軍港があるノフォークという小都市に、マッカーサーの墓があるマッカーサー記念館がある。

マッカーサー記念館の理事者たちやマッカーサー元帥の未亡人、ジーン夫人は日本側に昭和天皇のマッカーサー元帥記念館への訪問を要請したが、日本政府側は応じなかった。

この態度に、かつてGHQでマッカーサーの側近だったバンカー大佐（マッカーサー記念館の幹部）が激怒し、「マッカーサー元帥の厚情が無ければ、昭和天皇は今日、天皇ではないだろう」と発言したことが地方紙に大きく報じられた。

驚いた日本側は、すぐにマッカーサー元帥の墓に供花する手配をして、千葉アトランタ総領事がマッカーサー記念館を訪れるとともに、天皇がウォルドーフ・アストリア・ホテルに宿泊する時に、マッカーサー元帥の未亡人と会う手配をしたのだった。なお、この天皇・マッカーサー未亡人との会見に皇后は参加しなかった。

## 五　戦後政界の最大のスター・吉田茂を評定する

私たちが終戦直後から一〇年間近くの日本の政治について回想する時、その主役が吉田茂であったことは異論がないであろう。

吉田茂は外交官出身で、貴族的、ワンマン的で、人の好き嫌いがあるなど、政治家向きではないと考えられていたが、一九四六年五月、幣原内閣の後継として鳩山一郎が首相になることが内定していたのに、鳩山が追放となり、鳩山からの依頼で、吉田が「身代わり」的に、首相をつとめることになったのだ。吉田茂の岳父・牧野伸顕（昭和天皇と親しかった政界・皇室グループの大物）

は、吉田が首相になると聞いて、「ガラにもないことをするな」と怒ったという。

戦時中から終戦時にかけては、元首相の「吉田茂」よりも、有力な内務官僚で閣僚経験もあった「吉田茂」という人物の方が一般的にはよく知られていた。

ここで、当時、首相就任が有力視されていた鳩山一郎と比較して、吉田茂があの場面、首相として適していたと見られる理由をあげたいと思う。

〔吉田が適任だった理由〕

①占領軍の主力となる英米人とつき合う経験が豊富だった。

②英語は上等ではないにせよ、一応、ほぼ通用する力をもっていた（多くの外務省関係者の証言による）。

③過去の吉田の政治的行動が親米英、軍人ぎらい、三国同盟反対、対米英開戦反対、戦争の早期終結のために行動したなど、あの当時の要請に合致していた。

④鳩山一郎の著書である『世界の顔』(三)には、ヒトラー、ムッソリーニを好意的に評価するなど、軍人たちと同じような思想を表す表現が多かった。追放は止むを得ない面があった。

⑤鳩山にとって文相の時の滝川事件は、戦後は大きなマイナスとなった。

⑥吉田はズボラで、強引で、横着な面があったが、日本が連合軍に占領されているという異常事態の下では、このような性格が適していた。

⑦石橋湛山のように、占領下でも正論を堂々と主張することは立派であったが、ＧＨＱの反対を招きやすく、この点は吉田の現実主義的対応の方が無難だった。

⑧吉田の経歴を見ると、ヴェルサイユ講和会議に強引に岳父・牧野伸顕に依頼して出席したり、強引な自薦運動で外務次官に就任したり、マッカーサーに直接交渉して吉田打倒のための山崎猛首班運動を粉砕するなど、積極果敢な行動をする面があり、占領下の日本政府のリーダーとして適していた。

⑨占領下の日本では米英との関係が重要なことから、キリスト教指導者の賀川豊彦が首相に適任という意見もあったが、政治経験がないので、無理であったろう。

⑩吉田が日本再軍備に消極的だったことは評価できる。欧州でも、戦後の長い期間にわたってドイツへの警戒心は強かった。アジアでも、日本軍国主義への警戒心が根強かった当時、吉田の「再軍備はいたしません。自衛隊は軍隊ではありません」という方針は賢明だった。

なお、吉田茂の父、竹内綱は土佐出身の有力な自由民権運動家であった。養父・吉田健三は英国での経験が長く、ばく大な資産をつくった実業家で、竹内綱と親交があった。吉田茂の実母が竹内綱の正妻タキではなく、佐世保地方の芸者か、接客業的な女性だったという説が強いが、はっきりしない。

吉田茂については多くの学者、評論家たちが論評しているが、猪木正道、今日出海、高坂正堯氏らは吉田を好意的に評価しており、阿部真之介、大宅壮一らは吉田嫌いと呼ばれるような論評をしている。

私たち一族の中では谷口家長男の岳父、岩井雄二郎氏（岩井産業グループ経営者）がケンブリッジ大学卒業で、イギリス情勢に詳しい助言者として、また、谷口家三男の岳父、脇村義太郎氏（元学士院院長）が終戦の時以降、経済情勢の助言者として、共に、吉田茂氏と交流があった。

吉田茂元首相の終戦後の功績については、多くの日本人たちが認めるところであるが、首相在任が長くなり、特に講和会議以後ネポティズム（縁故者の重用）への批判が強くなり、一九五四（昭和二九）年末、吉田氏にとって無念の退陣となったのは遺憾であった。

## 六　吉田茂のライバルだった鳩山一郎の泣きグセは何故だったか？

鳩山一郎は戦前、若い頃から政界で活躍してきた、すごい名門家庭出身の秀才型でお坊ちゃんタイプの善人であった。

一郎の父、鳩山和夫は一流の学者で、政治家で、若い頃、アメリカの名門大学であるイェール大学に留学した。一郎の母、春子は良妻賢母型の才媛で、共立女子大の創設にかかわった。一郎の妻、薫子（正式の名は薫）も良妻型の女傑で、一郎が一九五四（昭和二九）年末、待望の首相に就任した時、マスコミは「薫子夫人のすごい執念が実った」「実質的には、一郎首相でなく、薫子首相だ」などと論評した。

思い起こせば、一九四六（昭和二一）年五月、総選挙で勝利した鳩山一郎は首相就任が確実視されたが、GHQの指針で追放となり、鳩山の依頼で吉田茂が首相となった。この時、吉田・鳩山の間で、鳩山が追放解除となれば、吉田は鳩山に首相の地位を譲ると約束したと言われている。

その後、一九五一（昭和二六）年六月、関西地方の視察から帰京後に、鳩山は広大な鳩山御殿の和室の日本式トイレで脳溢血を起こして倒れた。しかし、その直後、八月に追放解除となった。

この年の九月、講和条約が成立し、これを機に吉田は引退し、首相の座を鳩山に譲るかとも見られたが、吉田は首相として延命をはかり、ここに、一九五四（昭和二九）年一二月、吉田政権が倒れて鳩山が首相となるまで、壮烈な吉田―鳩山戦争が政界でくり広げられたのだった。

当時の日本の首相としては、外交官出身で、英語も話せて、英米人とつき合うことに慣れている吉田茂の方が国内派の鳩山よりも適任だった。

それに、吉田茂の方が鳩山一郎よりも神経が太く、アクが強く、いわばドン底にあった日本の首相としては適任だった。

私は戦後の政界の有力者や、首相経験者の中で鳩山一郎ほどよく泣いた人物を見たことはない。

◎鳩山一郎が泣いた実例

①一九三七年から翌年にかけての外遊中、中国戦線での日本軍の健闘の報道を読んで泣く。

②吉田体制下、鳩山派は苦境にあって対応を協議していた時、泣き出して、盟友の三木武吉から「泣くな！」と注意された。

③首相就任後、一九五五年夏、有名なタレントのトニー谷の息子が誘拐された時、テレビで「犯人よ！坊やを返しておくれ！」と呼びかけた時に泣いた。

④一九五六年夏、鳩山の盟友で、鳩山を首相にした男とも言える三木武吉が病死した時、薫子夫人とともに弔問に訪れて、「ボクは悲しいよ」と言って、泣き続けた。

⑤首相だった時、政府提案の法案の成立に協力してくれた政党の事務所を訪れて、謝意を表明した時に泣いた。

⑥一九五六年、首相として念願の日ソ国交回復交渉のため訪ソし、米国を経由して羽田空港に帰着した時、支持者たちが空港にノボリを立てて迎えに来ているのを見て、泣いた。

鳩山一郎がよく泣いた原因は脳溢血をわずらったことが一因と言われていたが、もともとお坊っちゃん育ちで、ひ弱い性格だったからだとも考えられる。

吉田は首相就任後、当時の日本はすごい食糧不足で、餓死者が続出する状態だったが、マッカーサーを訪れて、日本の食糧不足を訴えて、マッカーサーから米国による食糧援助の約束を取りつけた。もしも、あの時、鳩山が首相だったら、マッカーサーの前で「日本人の多くが食糧不足で死にかけている」と言って泣き出して、日本の首相として恥ずかしい姿をさらしていたのではないか。

また、焼け野原の中で断末魔の日本は、米軍を主力とする連合軍の管理下、反ナチ、反ファッショ、親米、親英、反軍国主義、民主主義尊重という路線で進むのが最適だったのだから、過去の行動、信条から見ても、吉田茂の方が鳩山一郎よりも首相として適していたことは明らかである。ただし、鳩山一郎の、あの秀才型で、明るく、お坊っちゃん育ちで、人を信用しやすい、過保護の性格は実に忘れ得ぬ印象を人びとに与えるものであった。

## 七　日本の労働史上、最大規模の二・一スト（四）——GHQの指令で中止に

焼け野原の時代のドン底の日本で、大きな話題となったのが「二・一スト」と呼ばれた大規模なストライキの計画だった（一九四七—昭和二二年二月一日予定）。

当時の日本では、長年にわたった戦時体制で民需用の生産力が非常に弱く、農村での食糧生産力も弱く、その上に戦地から、満州、サハリン、朝鮮半島、中国、台湾から、引き揚げ者が内地

に殺到して、衣食住の不足が深刻化した。

私たちは幸運にも、「牛尾邸」といわれる広大な邸宅ほどではないが、母の実家が所有する「矢代別邸」といわれる良き時代の別荘に住んでいたが、「部屋に住ませてもらえませんか」と部屋の提供を望む人がしばしば訪れたほど、住宅難は深刻だった。

また、国鉄大阪駅の公衆便所で、時折、餓死者が見つかっていると、新聞で報道されたことがあった。一九四六（昭和二一）年一二月二一日、夜明け前の頃に紀伊水道南方を震源とする巨大地震が発生し、和歌山県と四国地方の被害は大きかった。私たちが住む明石海峡でも震度五を記録した。

このような日本のドン底の時に、六〇〇万人が参加するという日本の労働史上最大のストが企画された。一九四七（昭和二二）年二月一日にストに入り、無期限に続くと予定された。

その頃、わが家では、父が配電会社に勤務し、四五歳でサラリーマン上がりの経営側役員に就任していたが、淡路島へ送電する明石海峡の海底ケーブルがしばしば故障して、淡路島全体が電力なしの状態となり、父はその対応に忙殺されていた。

大きな話題となった二・一ストは官公労を主体として企画され、産別、総同盟、中立系の労組も参加することとなった。二・一ストの最高指導者は国鉄労組出身の伊井弥四郎氏が務め、ゼネスト共闘議長としてスト実施の旗をふった。

もとより、政府側、経営側は労働側と交渉し、スト回避を目指したが、交渉は難航した。最後まで、月給一二〇〇円をめぐる攻防が続いたようだった。

吉田茂首相が「現在のような国家の非常時にあって、ストをするとは、不逞のやからだ」と発言して問題となった。

私は当時、兵庫師範学校女子部（明石）附属小学校三年生だったが、学校教員もストに入ることが予定されたので、二月一日の二、三日前に、ストに入った場合、家庭で勉強すべき教科内容を指示され、先生たちから、『ストに入ったなら、家庭でしっかり勉強するように』と指示された。

しかし、結局、二・一ストは中止となった。二月一日は土曜日で、当時は出勤日であり、半ドン（午後休業）でもなかった職場が大多数だったと思う。前日の一月三一日午後二時三〇分、ＧＨＱはスト中止を命令するマッカーサー声明を発表した。そして、ゼネスト共闘本部では、午後九時半に伊井弥四郎議長が、涙ながらに、スト中止を呼びかける発表をした。

当時は「まともに働いていては食べていけぬ」という時代で、労働側の要求はもっともだと理解を得た面はあった。しかし、私自身、小学三年生だったが、ストにならなくて良かったと感じて、二月一日、喜んで登校したことを記憶している。

## 八　物資不足と強烈なインフレ――焼け野原のくらし

終戦直後、数年間にわたる日本社会でのモノの不足と強烈なインフレ（物価上昇）は経済学で説明したり、経済システムのあり方を論議する余地はほとんどなく、とにかく人びとが必要とするモノが絶対的に不足していたことで起こった現象と言うしかないと考える。

食糧不足、住宅不足、輸送力不足（交通難）、衣料不足、教育施設不足、医師及び病院、医療施設不足など、何もかも不足していたと回想する。

食糧不足は最も深刻で、厳重な配給制度がとられていた。主として家庭の主婦は食糧の配給を受けるため、食糧品を供給する店の前で長い列を作ることが多かった。官憲のきびしい規制の目をくぐってヤミも相当に流通していた。

住宅の不足も著しく、焼け跡にバラックと呼ばれる小屋のような設備も多く作られた。もとより棟割り長屋と呼ばれる質素な居住設備もあったし、大勢の人びとが共同で生活する質素なアパートも作られた。

衣料の不足も著しく、当時の小、中学生たちの服装は特に粗末だった。また、学校の先生たちの中にも、一年中、同じ背広を着ているという先生の例もあった。

輸送力が不足していたので交通難は深刻で、私の兄が関西から東京に行く汽車に乗る時は、いつも列車の窓から何とか入り込む状態だった。一九四七（昭和二二）年一月、私の妻の父と親しかった芦田均元首相が次期首相の有力候補とされていた時、京都からすぐに東京に行かねばならぬことになり、京都駅で東京に行く列車に、後援者たちに身体を持ち上げてもらって窓から満員の列車に積み込まれて、一四時間ほどもかかってやっと東京に着いたことがあった（五）。

当時はそんな状態だったのだ。

私は終戦の年、小学二年生だったが、翌年二月の新円切り換えの騒ぎのことは鮮明に記憶している。幣原内閣で渋沢蔵相の時だったが、政府が激しいインフレを抑えるため、通貨の流通量を制限しようとして実施したものだった。流通していた通貨は二週間ほど以内で通用しなくなるが、それまでに一つの家族につき一カ月に五〇〇円程度しか新円に切り換えできない規制をつくったのだ。当時は人びとの間に物々交換の習慣ができていたので、新円切り換えという荒っぽいシステムに対抗できたのだと考える。

一九四六（昭和二一）年五月、マッカーサーは吉田茂の要請に応じて、

「自分が連合軍最高司令官である限り、日本国民は一人も餓死させせない」

という、日本人を感激させるような約束をした。

私が通学する師範学校の附属小学校がＧＨＱが推奨するアメリカ式新教育の実験校であった故ではなく、どこの学校でも同じだったと思うが、バター、ミルク、米国産のコメなどアメリカで

生産した食料が私たちにかなり頻繁に供給された。このようなアメリカからの食料援助は当時の日本人にとって貴重な救済策だったと思う。

焼け野原の頃の日本政府の経済政策で有名だったのは価格差補給金（インフレ抑制のため、製品価格を低く抑えるため企業に補給金を出す）と傾斜生産方式（石炭、鉄鋼など重要産業に資材を配布する）であったが、その効果ははっきりしなかったという意見も聞かれた。

## 九　広範囲にわたる追放と三等重役の登場

終戦直後の日本の社会で、全く複雑怪奇で、不愉快だったのが「追放」であった。その追放処分を受けた者の穴を埋める意味もあって、より若く、より下位に居た者が「三等重役」と呼ばれながら登場したが、三等重役の中には日本の復興を担い、政財界の重要人物へ昇進した人物も少なくなかった。

追放はGHQが日本の軍国主義者や特高警察関係者、右翼的な教育者たちを追放するという動きから始まり、政界人、財界人、官僚、言論人などにも及んだ。

追放処分を受けた者は総計二一万人にも及んだという。GHQの指示という形をとったが、GHQでは個々の日本人について情報を集め、審査することは困難で、日本の官庁などで資料をつくり、追放の可否を審査することになったので、確固たる基準もなく、追放をめぐる判定は実に複雑怪奇だった。

政府も政争を有利にするため、好ましからざる人物を排除するのに追放を利用したという噂も流れた。

例えば、石橋湛山氏（のちに首相となる）は硬骨漢と言われ、信ずるところをドシドシ発言するタイプだったが、GHQから嫌われ、吉田首相からもけむたがられ、追放になったと言われている。石橋氏は戦前・戦中、小日本主義や満蒙放棄論を唱えた反軍の言論人で、追放の理由は全くなかったと言われていた。

私の親戚の者の話になるが、私の伯父・谷口豊三郎氏は一九二九（昭和四）年、父親が創業に参画した大阪合同紡の役員となり、一九四七（昭和二二）年六月、東洋紡績（株）社長に就任したが、直ちに追放処分を受けた。永年、経営に参画した者は追放になるという情勢だったようだ。谷口氏は一九五〇（昭和二五）年一二月、東洋紡績取締役に復帰するまで、追放処分のため、東洋紡績には出入りができず、谷口家の資産を管理・運営する小さな会社に出勤するという、いわば不本意な日々を送った。

これに比して、私の父はサラリーマン出身の人物だったが、終戦の翌年には公的性格もある基幹産業の取締役に、その翌年には常務取締役となり、経営トップ層で活躍することになった。

谷口氏にとっては戦後、約三年半にわたり、追放のため活躍できなかったのは残念であっただろう。しかし、あるマスコミ関係者は、

「谷口さんは追放の三年半近い期間、あわてたり、バタバタ策動したりせず、悠々としていたのが良かったのだ。それで人びとは谷口さんはエラいと感じたから、後に東洋紡績社長、繊維産業連盟会長、国際綿及び繊維産業連盟会長として活躍できたのだ」

と語っていた。

なお、戦後、若過ぎると言われる年齢で経営役員になったサラリーマン出身の人たちの中から高度経済成長期の日本経済で指導的役割を果した大物とされる人物が多く登場した。これは追放が一つの新陳代謝の役割を果たした故の現象だと言われ、日本経済の発展に大きく貢献した。

しかし、追放をめぐる不明朗で陰湿な策謀は明らかに存在したし、追放は日本の焼け野原時代の象徴的現象だったと感じるのだ。

追放は末期には共産党関係者を対象にするようになったが、日本の独立回復（一九五二年四月二八日）により、この制度は廃止された。

## 一〇　裁かれた日本国――東京裁判の思い出

東京裁判が開廷していた一九四六年から一九四八年の時期、私は小学三年生から五年生にかけての頃だったが、マセていたので、東京裁判の推移には相当に大きな注意を払っていた。東京裁判は日本国が裁かれるという意味を持ち、日本人たちの関心も強かった。当時、テレビはなく、ラジオ放送はＮＨＫ第一と第二だけだった（一部で、進駐軍向けの英語放送を聞くことはできた）。東京裁判の審議状況はＮＨＫ放送で、また新聞各紙でかなり詳しく報じられていた。

東京裁判と称される「Ａ級戦犯」二八名の罪状を審議する法廷は、東京・市ヶ谷の元陸軍の総司令部があった講堂を改造して、一九四六（昭和二一）年五月三日に開廷した。初日のこの日のハプニングとして、午後三時半頃、大川周明被告（欧米勢力の排除を唱えた高名な右翼活動家）が前の席に座る東条英機のハゲ頭を二度にわたって、たたく事件が起こり、大川は退廷を命じられ、精神異常とされて、被告から除外された。

弁護団は鵜沢総明、清瀬一郎など当時の日本の法曹界のトップ級の人たちから構成されたほか、数名のアメリカ人弁護士が登場したことは、当時の日本人たちには驚きだった（東条にも、米人弁護士がつくことになり、彼は驚いた）。

日本側弁護団の弁護方針として、日本の国策全体について擁護するという「全体論」と個々の被告の事情もふまえて弁護するという「個別論」の二つの方針が論議されたが、明確な結論は出なかった。また、弁護の基本方針として、昭和天皇の弁護を最優先すること、被告個人に有利な事情があっても、それが天皇に不利になる恐れがあれば、法廷に出さないという方針が決められた。

昭和天皇を戦犯として東京裁判に出廷させるべきだと主張する国もあったが、アメリカの方針によって、天皇出廷は否定された。

東京裁判では多くの注目すべき話題があった。その中で主要な件は、天皇の側近ナンバー・ワンだった木戸幸一・内大臣が「木戸日記」を提出するという、いわばカケに出たこと、木戸氏と陸軍軍人の被告たちとの対立、陸軍出身の田中隆吉氏が裏切りと言われるような陸軍批判の証言をして、軍人の被告たちを怒らせたこと、旧満州国皇帝の溥儀が出廷して、証人として、「自分は日本による強制で動いていただけ」と主張して日本人たちを激怒させたこと、ウェッブ裁判長と米国代表のキーナン検事との激しい対立、そして、広田弘毅被告と二人の令嬢とが法廷で、連日、見せていた家族愛に満ちた表情が、特に日本の婦人たちを感動させたことなどがあった。

東京裁判の進行中に米ソ対立が進み、とくに中国で中共軍が国府軍を圧倒する勢いを見せたことは、アメリカにとって、中国共産化の心配の方が東京裁判の結果よりも深刻といえそうな情況となった。

日本人弁護団は法廷の弁論で、米ソ対立をおおいに利用した。「米ソとも、今も、戦争をしかけているではないか」というムードを弁護に利用するよう試みた。

一九四八（昭和二三）年一一月一二日、ついに各被告に対する判決がウェッブ裁判長から言い渡された。

死刑は七名――東条英機、松井石根、木村兵太郎、武藤章、土肥原賢二、板垣征四郎、そして唯一の文官（外交官）として広田弘毅だった。

東条は対米英開戦時の首相で、戦争のほとんどの期間、最高責任者であったので、誰しもが彼の死刑を予期していた。松井は「南京虐殺事件」の時の日本軍の司令官だった。木村はビルマで、武藤はフィリッピンで現地の日本軍のトップ級の司令官だった。土肥原と板垣とは、中国が最も嫌う「満州国」建国のための行動がとがめられた。七人の中で、死刑が最も意外とされたのが、唯一の非軍人だった広田弘毅だった。

広田については、日本人の間で同情論が起こり、東京・数奇屋橋で、また福岡で助命を求める署名運動が起こったし、広田と外務省入省が同期だった吉田茂が助命嘆願書をマッカーサー司令部に持って行ったが、むなしかった。

裁判の終了時に、ウェッブ裁判長とフランス代表のベルナール判事は、戦争の遂行のために天皇の責任と役割が重大であったとして、天皇の免訴に強い不満を表明した。

戦争の時代を知る日本人として、東京裁判の被告の中で、死刑は免かれたが、木戸幸一、鈴木貞一、大島浩、嶋田繁太郎の各被告には日本の悲劇を招いた責任があると考えられる。木戸は戦争の時代、天皇の重要な側近として総理大臣を上まわるような力を発揮していた。鈴木は日米戦争を始める時、日本軍の戦力の補強について楽観的な見通しを述べた。嶋田は開戦の瀬戸ぎわという時、天皇に超楽観的な見通しを述べて国を誤らせた。大島は日本として明らかに誤った道だったドイツとの同盟を推進したのであった。

結論として、当時の日本の支配層にとって昭和天皇を東京裁判から守ることは最大の目標だった。

例えば一九四七（昭二二）年一二月三一日、東条は法廷で、検事の質問に答えて、「いやしくも日本臣民が天皇陛下の御意向に反するような行為をすることはあり得ません。ましてや政府高官においては……」という意味の発言をした。

しかし、この発言は東京裁判で天皇の免責の方針で動いているアメリカのキーナン検事らを困惑させた。それでは被告たちは天皇の意向に従って行動したことになり、天皇責任論が浮き上がるからである。その故、キーナンなどの工作によって、東条は後日、「先日の発言は私の感情を申し上げたもので、天皇の責任とは別の問題です」と発言したのだった（六）。

## 一一　国民から同情を集めた広田元首相の死刑判決

東京裁判で大きな話題となったのが広田弘毅の死刑だったと言える。文官としては広田だけが死刑になった。

多くの日本国民――特に婦人たちが法廷で広田と広田の二人の令嬢とがかわす家族愛に感激した。私の母もその一人で、広田死刑の判決の際、「広田さんは可哀想だ」と涙を流していた。

恋愛結婚で結ばれたという広田静子夫人は裁判が始まって後、間もない五月一八日に服毒自殺した。裁判を受けている夫のために、自分がいない方がよいだろうと判断して自殺を選んだようだった。

その後、広田の二人の令嬢は法廷の傍聴席に必ず姿を見せて、被告席の広田に目礼し、目をかわした。また二人の令嬢は広田たちが護送されるバスに懸命に手を振った。

家族愛の話題は別として、広田に対する死刑判決は妥当だっただろうか?

広田を好意的に評価した書として、あまりにも有名な『落日燃ゆ』があり、著者の城山三郎氏は広田は軍部の積極的なアジアでの進出行動を抑えようとしたが、当時の情勢からみて困難だったと論じ、広田は東京裁判でいっさい弁護せず、堂々とした態度で処刑されたと広田賞賛論を展開している。もっとも、広田は法廷に立って弁護はしなかったが、宣誓書は提出し、当時のいきさつを説明していた。

アメリカからは、駐日大使を十年間も務めたグルー元大使が宣誓口述書を東京に送り、「広田、重光は平和のために努力した」と主張したし、私が一九七〇年代の前半、ニューヨークの日本クラブでしばしば顔を合わせていたジョージ・山岡弁護士も来日して、広田の弁護に当たった。

一方、「広田には戦争のために大きな責任がある」と論ずる人たちも居り、代表的な論者として猪木正道元京大教授がある。「広田に責任あり」という主張の要点は次の通りである。

・一九三六（昭和一一）年の広田内閣成立以来、陸相、海相現役制が復活し、軍部が陸相、海相を送らなければ内閣がつぶれるという悪例ができた。

・広田は軍部に対して抵抗する態度が弱く、日中戦争を長期化させた。

・日中和平のためのトラウトマン工作の時に、外相として積極的に推進せず、この工作の打ち切りという結果を招いた。

・日中関係にとって大きなマイナスとなった「国民政府を相手にせず」という近衛声明（一九三八・一・一六）の時の外相だった。

法廷で広田は「自分には責任がある」という態度をとり続けていた。広田に同情する人は「日中関係を悪化させたり、日中戦争を長期化させた責任は広田よりも、近衛首相、杉山、寺内両陸相にありと見られるが、この三人とも自殺又は病死していたので、広田が死刑になったという感じがする」と論じる。

広田を含む東京裁判A級戦犯の死刑囚七名は一九四八（昭和二三）年一二月二三日午前零時過ぎ、スガモプリズンで絞首刑に処せられた。

七名のうち、第一の組の東条、松井、武藤、土肥原の四名は、処刑の直前、「天皇陛下バンザイ！」「大日本帝国バンザイ！」と叫び声をあげた。

続いて第二の組の広田、板垣、木村が刑場に到着した時、広田は「先の組の連中はマンザイをやっていたから、我々もマンザイをやろう」と言った。広田はあるいはバンザイと言ったのかも知れない。しかし、事情通の人の中には、広田は「十五年戦争はマンザイのようだった」と日本がたどった道に痛烈な皮肉を投げかけたのだと解する人もいる（七）。

## 一二　ソ連から見た東京裁判

ソ連は日本と米英など連合国との戦争の最終段階とも言える一九四五（昭和二〇）年八月九日に、対日宣戦し、日本の降伏まで僅か六日間の戦争参加で、日本に対する勝利国という権利を得たのだが、東京裁判にも、他国より遅れて参加した。

ソ連の検事団の一員として、ドイツにおけるニュルンベルグ裁判に参加し、その後、東京裁判にも検事として参加したスミルノーフ氏は、『東京裁判』という標題の分厚い本を刊行している。ソ連が東京裁判や日本が戦った戦争についてどのような見解をもっていたのかを知る上で、スミルノーフ氏のこの著書は貴重な書と言える。ただし、この書は一方的にソ連の言い分を宣伝しており、読む側としては慎重な態度が必要となる。

この書が最も主張したい点は、「欧米の帝国主義的な世界戦略によって、日本の対外侵略政策はミュンヘン的宥和政策で増長し、日本の侵略目標がソ連に向かったこともあった。独、伊、日本の世界征服の欲望による世界的悲劇を救ったのは、ソ連による対独、対日戦争であった」という点にある。

スミルノーフ氏は「満州国」の反ソ性を非難し、「満州国」は日本の松岡洋右と土肥原賢二の謀略によって誕生したと主張している。

また、一九四一年の日米開戦の数カ月前に締結された日ソ中立条約について、日本はその後、たえずソ連に侵入する機会をうかがっていたと非難し、日本は米国というソ連の同盟国と戦争したことで、日ソ中立条約の意義を失ったと主張している。

この書は米英に対する非難をきびしく行っており、ルーズベルト大統領は日本を反ソに仕向けようとして、日本に対して「極東ミュンヘン政策」ともいうべき宥和政策を取り続けたので、その結果、日本が強力になり、太平洋戦争を始めたという理論を展開している。

第二次世界大戦の重要な原因は欧米の帝国主義的な政策にあり、日本はそれに煽動された面があるとスミルノーフ氏は主張している。

本書は古くから東京裁判及び第二次世界大戦についてのソ連の基本的主張を示すものとして注目されてきたが、その主張があまりにも当時のソ連のPRにかたよっているので、あくまで参考文献として読むことに価値があると言える。

## 一三　忘れ得ぬ「新憲法（日本国憲法）」成立の感激

焼け野原の日本で、人びとが「平和と民主主義」を旗印として、貧困と困窮と戦っていた時、大きな感動を受けたのが一九四六年一一月三日に公布され、翌年五月三日に施行された「日本国憲法」だった。当時は一般に「新憲法」と呼ばれていた。

日本がポツダム宣言を受諾して新しい出発をするに際して、新しい憲法をつくることが必要なことは当然と考えられ、マッカーサー最高司令官も当初、近衛文麿元首相の改憲への意欲をはげましたこともあった。

正式には、幣原内閣で松本烝治国務相が新憲法作成を担当することになったが、この人選は明らかに大きな誤りだった。

松本烝治氏は父親は「鉄道大臣」のような地位にあった大物で、姻戚関係には小泉信三慶応大学長や田中耕太郎最高裁長官など有力者が多いエリート的な境遇の人物で、その思想は帝国憲法支持と見られ、「国体を守るために敗戦をうけ入れたのだから、国体を守らねばならぬ」と主張していた。

松本氏のこの考え方は明らかに不適切だった。

日本がポツダム宣言を受諾したのは、戦力的に戦争を続けることが不可能であった故であるが、同時に、国体を守るために降伏したのではなく、連合国側の呼びかけに応じて、共に世界の平和に貢献することを決意して、ポツダム宣言を受け入れたと解釈すべきだった。

マッカーサーは、その回顧録で「憲法改正についても、私は日本側の自主的な努力で改正がなされると期待したが、松本烝治氏が保守反動の人物で、松本案は帝国憲法の微調整に過ぎず、これでは連合国の承諾が得られないと思い、私はスタッフに憲法案をつくるよう指示した」(八)と記している。

かくして、GHQのスタッフが作った原案が一九四六年二月に日本政府側に示されたが、この憲法案の骨子となる思想は、鈴木安蔵氏らによる、当時としては革新的とされる「国民主権」的な思想を取り入れた部分が多いとされている。

戦争の時代を知らぬ若過ぎるタカ派の論客が、「現行の日本国憲法はアメリカからの押しつけだ」と叫ぶ中にあって、当時の状況に詳しい人たちは、日本にも古くから存在していた思想に、GHQのスタッフが注目して新憲法の中に組み入れたと主張している。当時の事情に詳しい吉田茂氏も「憲法・押しつけ説」に否定的見解を示していた。

当時、「衆院憲法改正案委員会」の委員長だった芦田均氏（のちに首相）は、「焼け野原に横たわっていた数十万の死体、灰じんの中のバラックに朝晩乾く暇なき孤児と未亡人の涙、その中から新しき日本の憲章（新憲法）は生まれたと考えねばならない」と主張した（九）。

反戦平和を訴える大物財界人として知られた品川正治氏（元経済同友会副代表幹事）は、「終戦後、中国戦線から引揚げてきた兵隊たちが乗船していた船中で、山口県の沖合で上陸を待っていた時、新しい日本の憲法で戦争放棄、戦力不保持と決められたと聞き、兵隊たちは感激のあまり、いっせいに泣き出した」と語っておられた。

このように、当時の日本人たちは、大感激して日本国憲法を受け入れたのだった。

なお、新憲法で天皇の権能と行為が儀礼的な国事行為に限定されたが、戦後の昭和天皇の行動を見ると、これが遵守されたかについては疑問がある。天皇の権限の限定につき、守旧派から不満の声が出た時、憲法担当の金森徳次郎国務相は、「天皇は日本国民の憧れの中心という政体は、天皇の権力のいかんとは関係なく続く」という名言をもって対応したが、意外に実践的な対応だったのかもしれない。

しかし、日本の「国民主権」という政治的原理は憲法前文に明記されたのだった。

私たち戦争を知る世代の者は、日本国憲法が国内はもとより、海外でも支持されていることを認識し、憲法を守っていくよう努力しなければならない。

## 一四　ＧＨＱが教育改革を示唆——新教育の実施

戦後の日本の社会で教育改革は一つの大きなテーマだった。日本の社会の軍国主義的ムード、皇国史観的な、民主主義否定的風潮をなくすには教育を改革しなければならないというＧＨＱの教育担当部門の考え方が基本となり、日本の教育関係者の多くも、このＧＨＱの示唆に後押しされて、教育改革とか、新教育推進といったスローガンをかかげたのだった（一〇）。

制度としては、それまでの小学校六、中学校四又は五、旧制高校三、大学三（数字は年数）から、新制度では小学校六、中学校三、高校三、大学四と変えられたほか、公立学校では原則的に男女共学となった。

しかし、より大事な改革の論点として、上から教えこむ教育か、生徒（児童）の自主性を重視する、ディスカッション重視の教育かという点があったと思う。

私たちが在学した兵庫師範学校（後に神戸大学教育学部）明石附属小学校では、いわゆる新教育の実験校のような存在となり、生徒中心で、ディスカッション重視の教育体制を採用した。海後宗臣、梅根悟、倉沢剛といった高名な教育学者たちがカリキュラム（教科）の構成を指導し、GHQの担当者（多くはアメリカ人女性）も時折、学校を訪れた。

戦後の日本の教育に大きな影響を与えたのが一九四六（昭和二一）年三月、マッカーサー司令部に招かれて来日した「アメリカ教育使節団」による報告書だった。アメリカの教育専門家二〇名余りは日本各地で教育事情を視察して、GHQに報告書を出したが、その中で基本的に、日本の従来のつめ込み型教育を是正して、生徒たちの発想を重視する方向で教育改革をすべきだと勧告した。

かくして、「新教育」と呼ばれ、アメリカ式とも呼ばれた生徒の自主性を重視する教育方針が文部省からも奨励された。「新教育」はコア・カリキュラムと呼ばれ、当時の教育界での流行語となった。

しかし、教育界では新教育に反対する動きも根強かった。例えば、私の母校の灘中、灘高では当時の校長が「教え込み」中心の教育を絶対に守るという主義の教育者で、「新教育」という言葉を聞いただけで怒りにふるえるような、硬直的な人物だった。

のちに、私はアメリカで九年間生活した際にアメリカの教育事情を調べたが、アメリカの教育は日本よりも多様性に富んでいる。Cram schoolと呼ばれる灘高型の教え込み重視の学校もあるが、生徒をあまり強制的に指導しない学校もある。

概して言えば、アメリカでは灘高型のきびしく教え込む方式を取る学校は少ないと思う。しかし、アメリカでも、個性尊重などと言って生徒を自由放任にすることは嫌われている。

日本では、国民性の故もあってか、新教育は発展しなかったと言える。先生の指示に従ってコツコツと学習していく方式が好まれたのだ。しかし、新教育は一つの有意義な問題意識を戦後の日本の教育界に与えたと思う。

私たち灘中、灘高での同級生たちが集まった時、在学中の学科成績と社会に出てからの活躍ぶりの間には、ほとんど関連性がないという結論が出されているのは、社会が灘高型の教育ばかりを良しとしているわけではないことを示しているのだと思う。

## 一五　吉田茂の側近・白洲次郎をいかに評価するか

終戦後の日本で、マッカーサーと吉田茂とが日本を動かす主役のような感じであった時代に、吉田茂の側近として、麻生和子・太賀吉夫妻に次ぐような存在感を示し、マッカーサーとも親しかったとされ、思う存分の活躍をしたと見なされる白洲次郎については、多方面から関心が集まり、多くの書物が著されている。

白洲次郎については、サンフランシスコ講和会議が終わった後の一九五一（昭和二六）年秋、週刊朝日が特集記事を掲載したが、この時の白洲評が妥当だったと思われる。

白洲は一九〇二（明治三五）年、阪神間で生まれ、兵庫師範の御影附属小、神戸一中を経て、ケンブリッジ大学に留学し、在英時代に駐英大使など英国勤務の機会が多かった吉田茂と知り合ったとされる。白洲は戦後、日本が連合軍の占領下に置かれ、日本の政財界とＧＨＱ幹部との接渉が重要になった時に、吉田茂の側近として、マッカーサーなどＧＨＱ幹部と接渉する上で重要な役割を果した。

私は白洲が少年時代を過ごした大邸宅を訪れたことがあるが、芦屋市南部で松林に囲まれた高級住宅地にあり、その周囲を一周するには一〇分以上かかるといわれた大邸宅だった。昭和になったばかりの頃に、私の伯父、谷口豊三郎氏と極めて親密だった宗太郎さんと呼ばれた、伝統ある商業資本家の三代目に当たる人が結婚した際に、宗太郎さんの父が宗太郎さんのために白洲家からその大邸宅を購入したという話を聞いたことがある。

白洲家は倒産したが、とにかく白洲は富豪の家の出身で、姻戚関係には樺山、松方、松本、牛場、水野、山下といった華族や皇室と近い関係の家が多く、これは私たち一族が矢代、飯田、右近、岡谷、大倉、谷口、岩井、脇村、野村など、商業資本家の一族ばかりであるのと対照的だった。白洲次郎は、このような恵まれた境遇で育ち、資産力も十分であった故か、わがままで、人の好き嫌いがはげしいと評されていた。

私の父、私の伯父・谷口豊三郎氏及び谷口家長男の岳父・岩井雄二郎氏の三人は白洲次郎氏とかなり接する機会を持っていた。

私の父はサラリーマン出身の地味な経営者だったが、永年にわたって電力業界の幹部の一人として勤務し、最終的に勲一等を受けた。父は仕事の上で白洲氏と接することが多かったようだ。一九五一（昭和二六）年五月、電力再編成に際し、吉田側近の白洲次郎氏が東北電力会長に、麻生太賀吉氏が九州電力会長に就任した。

私の父は温厚なタイプで、人の悪口をいうことは稀だったが、白洲氏について、「白洲は自分の専門でない電力業界に入ってきて、電力業界主脳を嘲笑するような態度をとる」と批判していた。

私の伯父・谷口豊三郎氏は戦前から、永年にわたって白洲氏の友人だった。谷口氏の長女、奥川章子さんは、「父と白洲さんとは実に仲が良い友人どうしでした。私たち夫婦が父と共に軽井沢のゴルフ場に行くと、いつも白洲さんが居られて、白洲さんと父とは実に楽しそうに、にこやかに話し合っていました」と語る。

谷口家長男の岳父だった岩井雄二郎氏は白洲氏と同じ頃、神戸一中で学び、英語がすごく上手だったので、ケンブリッジ大に留学した。戦後の関西財界では英語が上手なのは岩井雄二郎氏と伊藤英吉氏（元伊藤忠商事会長）だと言われていた。

岩井雄二郎氏も白洲次郎氏と親しかったようで、ご長男の岩井靖氏は「白洲氏と父とは同じような経歴なので、互いに協力して、ＧＨＱと日本の政財界との円満な関係をつくるため努力したと思います」と語っておられた。

白洲次郎は自由奔放な性格から、自分と同じように有力な商業資本家の家に生まれた人には親近感を抱くが、戦後の日本の財界にかなり多く登場した、サラリーマン出身のたたき上げ的な経営者とは、ウマが合わなかったのではなかろうか。

吉田茂の退場後、吉田の忠実な弟子だった池田勇人と佐藤栄作とは首相を務めるなど、活躍したが、白洲次郎は表舞台に出ることはなかった。

白洲は明確な自己主張を持ち、卓越した政治力と行動力を持っていた。サンフランシスコ講和会議からの日本への帰路の飛行機の中で、白洲は吉田茂と麻生和子らに吉田引退を進言した。また、昭和天皇が日米開戦の責任をとって退位すべきだと主張した。昭和天皇はこの白洲発言を知った故か、白洲を酷評したことがあった。

近年にも出版された一九六〇（昭和三五）年生まれという若い作家による白洲を激賞する本の

主張が正しいのか（北康利『白洲次郎　占領を背負った男』講談社、二〇〇五）、あるいは白洲は恵まれた財産力と豪華な姻戚関係をバックに、好き放題に振舞っただけの人物だったのかについて、さらに研究する必要があるだろう。

なお、「白洲がマッカーサーを叱り飛ばした」とか「講和会議での吉田のスピーチを日本語でやらせた」とかいう、白洲賞賛のエピソードは、事情を調査した人たちの話から見て、信憑性に乏しいと考えられる（二一）。

## 一六　私たちの憧れの的だった富豪・牛尾家の人たち

私たち一家が住んでいた明石海峡に面する舞子の町には、有栖川という宮家の別荘、鐘紡を大きく発展させた武藤家の別荘もあったようだが、そのような豪邸の中で最も目立つ存在は、国鉄舞子駅の北の丘に立つ、牛尾家の大邸宅だった。

私の灘中、灘高の時の同級生で起業に成功し、神戸財界で注目される経営者になっている級友は、その著書で、「自分の子供の頃、自宅の近くに有力な財界人の大きな邸宅が多かったので、自分も将来、大邸宅に住むような身分になりたいと考えていた」と記している。

私もそのような気持ちで、牛尾家の大邸宅と牛尾家の人たちを眺めていたようだった。

当時の牛尾家の当主、牛尾健治氏が、仕事の上で私の父と親しい関係にあったので、私も一度、牛尾家を訪れたことがあったが、豪華な邸宅の北側に広大な庭園があり、広い畑もあり、池もあって船が浮かんでいた。二〇一六年の今日では想像もできないような食糧難の当時でも、牛尾家では広い畑で食糧を自給できていたと思われた。

私たち一家が住んでいた矢代別邸と呼ばれた居宅は、家屋としては上等だったが、広さでは牛尾家の五分の一程度だったと思う。我が家では終戦の翌年に父が四五歳で「サラリーマン型重役」になっていたが、創業者型の役員とは異なり、当時の「サラリーマン型重役」は実質的に従業員に近い存在だったと考えられる。

国家的に困窮にあえぐ時代で、社会党政権の長だった片山哲首相は、しばしば国民に「耐乏生活に耐えて、がんばって欲しい」と訴えていた。

我が家も生活が苦しく、母は時折、実家である矢代家に行って、母の母（私の祖母）からカネをもらっていた。

このような状態の時、富豪・牛尾家の人たちが夏に、ハイカラな服装で鮮やかな色のパラソルを持って海水浴のため海岸に出かける姿を見て、羨ましく感じられた。

牛尾家はもともと姫路地方の大地主だったが、牛尾治朗氏の祖父にあたる牛尾梅吉氏が一九一八（大正七）年から翌年の頃、大阪のコメ相場で、大阪の金融王と呼ばれた石井定七氏を相手に、コメ相場の歴史に名を残すような大勝負に出て、ギリギリの瀬戸際で勝利し、投資額の十数倍にものぼる、莫大な財産を築いたのだった（一二）。一九一八年頃と言えば、全国的にコメ騒動が起こったほか、当時、全国一の秀才校として有名だった神戸一中野球部が全国旧制中学野球大会で全国優勝するというハプニングを起こした時代だった。

牛尾家は梅吉氏がコメ相場の大成功で得た資金をもとに、姫路銀行、姫路水力電気、姫路ガスなどを経営するほか、神戸銀行などの経営にも参画し、有力な財閥として関西財界で重きをなすに至った。

私が小学生で、国鉄舞子駅から電車で明石の兵庫師範女子部附属小学校に通学していた頃、牛尾家の長男、吉朗氏が姫路の旧制高校に通学しておられたので、毎朝のように、舞子駅で吉朗氏と顔を合わせていた。吉朗氏もその弟である治朗氏も、私にとって兵庫師範明石附属小学校での先輩にあたる。

長男・吉朗氏は一九九〇年代に他界されたが、次男・治朗氏の政財界における活躍は目ざましく、一九九五（平成七）年には経済同友会代表幹事に就任され、東京都知事選挙の有力な候補にもあげられた。また、ご親戚となる安倍晋三首相への有力な助言者であるほか、政財界のまとめ役としての活躍が期待されている。

二〇〇四（平成一六）年、明石附属小学校創設百周年の式典が開催された時は、牛尾治朗氏が我ら卒業生の総代のような役割を務められ、大きな存在感を示されたのだった。

## 注

（一）D・マッカーサー　津島一夫訳『マッカーサー回想記（下）』朝日新聞社、一九六四

（二）同右

（三）鳩山一郎『世界の顔』中央公論社、一九三八

（四）伊井弥四郎『回想の二・一スト』新日本出版社、一九七七

（五）『芦田均日記』第一巻、岩波書店、一九八六

（六）数多くの東京裁判についての資料による。

（七）広田の出身地の福岡での発音では、マンザイとバンザイは混同されるという説もある。

（八）D・マッカーサー『マッカーサー回想記（下）』

（九）朝日ジャーナル編集部『昭和史の瞬間（下）』朝日新聞社、一九七四

（一〇）文部省「民主主義」による。

（一一）文芸春秋（二〇〇八年一〇月号）徳本栄一郎氏の報告による。

（一二）日経新聞・牛尾治朗氏の「私の履歴書」による。

# 第七章　日本にとって幸運だったのか？

——米ソ対立と朝鮮戦争の勃発

## 一　中国内戦で中共軍が完勝す

戦争が終わって、人びとがホッと一息ついたものの、地球上の人類の争いは終わらなかった。戦争ではないが、東欧諸国で次々と共産主義勢力によるクーデターが起こり、ソ連の勢力圏がヨーロッパの中央部へと拡大した。

中東ではイスラエル建国をめぐるパレスチナ戦争が起こった。

しかし、世界の注目を最も多く集めたのは、巨大国家である中国での「国共内戦」といわれる国内戦争だったと言える。もともと国民政府（蔣介石が指揮）と共産軍（毛沢東が指揮）とは対立を続けていて、蔣介石としては日本に対する対立感情よりも、毛沢東に対する憎しみの方が強いという説もあるぐらいだった。蔣介石は、まず共産勢力を制圧して、その後、日本と戦うという方針だったが、一九三六年の有名な西安事件の時、周恩来などの説得によって、「国共は一致協力して日本による侵略に対抗する」という合意ができて、国共対立はひとまず収拾されていたが、日本軍の撤退後、再燃した。

内戦を防止しようとする国共間の話し合いは何回も行われたし、一九四六年一月には、米国政府の首脳の一人だったマーシャル元帥によって中国内戦中止への斡旋が行われたが成功せず、同年三月には国共間の戦闘は再開し、同年七月には国共は全面的な戦争に入った。

一九四八年四月には蔣介石が正式に中国の総統となったが、国共戦争は、ほぼ一貫して中共軍優勢の状態で進行したと記憶する。国共戦初期の一九四六年夏の時点では、国府軍四三〇万人、中共軍一三〇万人と、兵員数では国府軍側が有利と思われたのに、まず旧満州での戦いで中共軍は圧勝し、一九四八年一二月には中共軍は北京を制圧し、翌年一月には北京人民政府ができた。一九四九年四月には国府軍が支配するのは重慶と上海のみという状態になり、明らかに中共軍の勝利が予測される戦況になった。四月二一日には国共和平会談は決裂し中共軍は勝利に向けて進撃を続け、五月二七日には上海を制圧した。

中共軍はソ連からの援助を受けていたが、国府側も米国から強力な援助を受けていた。中共軍が国府軍に勝った原因、背景として次のような点が考えられる。

①国民政府及びその軍の腐敗がひどく、国民から嫌われ「まだ日本軍の方がマシだった」という感情が生じた。

②中共軍の規律が国府軍よりもずっと良く、毛沢東の戦陣訓は、戦闘に際して絶対に民衆に迷惑をかけないよう厳命していた(二)。

③国民政府の治政下ではすごいインフレが起こり、国民は耐えられなかった。

④米国のウェデマイヤー将軍は「中共軍を養ったのは国府軍だ」と語ったが、国府軍の腐敗、中

共軍側への内通はひどかった（一二）。

国府側にとって痛手となったのは、一九四六年三月、蔣介石と同郷で、蔣介石の右腕と言われた戴笠将軍が青島から南京へ飛行中に、飛行機事故で死亡したことで、戴笠が生きていたら、国府側はあのような、みじめな敗北を避け得ただろうという憶測もあった。

一九四九（昭和二四）年一〇月一日、北京・天安門広場で毛沢東による歴史的な「人民勝利宣言」が行われた。

蔣介石・宋美齢の夫婦や国府側の幹部は台湾へ逃げて、台湾において「本土反攻」を叫び続けた。蔣介石は台湾で回顧録を発表し、「中共の勝利はひとえにソ連の強力な援助のお蔭だ」と主張したが、負け犬の遠吠えのような感じだった。

中国大陸における共産軍の勝利は世界に大きな影響を与えた。とりわけ隣国・日本への影響は極めて大きく、日本国内では中国を賛美し、「人民・中国」に憧れるムードが高まった。

## 二　「米ソ対立」という新事態――日本にプラスとなったのか？

第二次世界大戦終了後、全く意外にも、米ソ対立という新しい国際情勢が生じたのである。米国内では、「予防戦争論」も唱えられ、ソ連勢力が強くならないうちに、ソ連をたたけという主張も生じた。

東欧、バルカン方面での共産主義勢力の進出に加えて、中共軍の優勢という事態に対応するため、米英仏など、いわゆる西側諸国も動いた。

一九四六年三月五日、チャーチルは米国のフルトンという小都市で、「ソ連は欧州諸国を鉄のカーテンの下に抑圧しようとしている」とソ連を非難した。一九四七年三月、トルーマン米大統領はトルーマン・ドクトリンによる、トルコ、ギリシャ支援策を発表し、同年六月、欧州支援のためマーシャル・プラン発表へと続いた。同年七月、米国の外交評論家、ジョージ・ケナンにより、共産勢力封じ込め作戦が発表された。

一九四八（昭和二三）年一月、米国のロイヤル陸軍長官は「日本をアジアにおける共産主義勢力に対する防壁にしなければならない」とサンフランシスコで講演した。

一九四八年五月頃、ベルリン西部の西側諸国の管理部分への西ドイツ側からの通路が東ドイツ側によって閉鎖され、「ベルリン封鎖」という、東西対立による緊張の一つの焦点となった事件も起こった。米空軍は西ベルリン市街の真中にあるテンペルホーフ空港へ、必死の空輸を行った。

米ソ対立が生じ、米国が日本を共産勢力への防壁として利用する姿勢を見せたことで、「日本は米国の同盟国だ」という意識が生じて、これは日本の政治、経済にとってプラスとなったと回想する。

その頃、日本国内で「いずれ米ソが戦うだろう。その時日本はいかにすべきか」という議論がひそかに行われていた。スガモプリズンに収監されていた東条英機は近い将来に米ソ戦争が起こる事を信じており、日本の対応について論ずる文書を残していた。

一九四九（昭和二四）年は、戦後の日本の進路を決めるような運命的な年となった。

この一九四九（昭和二四）年一月の総選挙で吉田茂を総裁とする民自党は圧勝したが、共産党も三五議席を獲得する躍進を見せた。与党・民自党の政策は公共事業拡大、取引高税廃止という経済拡大路線だったが、これを制止して均衡財政を取って国家財政の赤字の縮小を命じたのが、一九四九（昭和二四）年二月一日に来日したドッジ・デトロイト銀行頭取のチームだった。

ドッジは西ドイツの経済・財政についても助言した人物だったが、「日本経済はアメリカからの援助と日本政府の補助金で成り立っている竹馬（Stilts）経済であり、真に日本経済を強くするためには、耐乏生活、財政縮小、補助金縮小が必要だ」と主張した（三）。

税制の改正についても米国からシャウプという専門家が一九四九（昭和二四）年五月一〇日に来日し、直接税に重きを置く方向への是正が行われた。

この年の四月二五日、アメリカ主導で決められたといわれる一ドル＝三六〇円という交換レートが発表されたが、物価水準から見て円安レートと言われ、このレートは日本の輸出を増加させる作用をしたという見方が強かった。

しかし、ドッジの財政均衡化を目指す縮小型の経済政策は日本経済に大きな縮小効果をもたらし、物価上昇は抑制されたが、失業増加、中小企業経営者の自殺増加をもたらした。

このような時、一九五〇（昭和二五）年三月一日、私の父が親しくしていただいていた池田勇人蔵相が「中小企業の倒産や経営者の自殺はある程度やむを得ない」と発言して問題になった。池田氏はその頃、発言中に「エケチット、エケチット」と連発し、これは「エティケット」の意味だったが、「池田氏はインテリではない」という風評が流れていた。

日本経済がドッジ政策によるデフレ傾向に悩んでいた時、一九五〇（昭和二五）年六月二五日朝、突然、朝鮮戦争が起こったのだった。

## 三　戦後日本の進路を決めた一九四九年夏の国鉄三事件

二〇一六（平成二八）年である今日でも、戦後日本の進路を決める上で、一九四九（昭和二四）年夏の国鉄三事件は大きな意味があったと論ずる人は多い。

この年、私は小学六年生で、毎日、新聞を精読していたし、記憶力が最も強力な年齢だったので、この年の社会情勢は詳しく覚えているし、特に国鉄三事件については克明に記憶している。

注目された中国の国共戦争が中共側の完勝となりそうな情勢で、事実、この年の一〇月一日、毛沢東の勝利宣言が行われた。

米国など西側諸国は、日本をアジアでの共産主義勢力に対する防壁にすべく政策を転換したが、日本国内に、中共、ソ連など共産主義陣営との協力を強化するとともに、日本を社会主義もしくは共産主義体制の国にしようとする勢力が、二〇一六年の今日よりもはるかに多く、活発だったため、国論が二分されるような様相を見せていたのだった。

数字的には、吉田政権の路線である米英など自由主義諸国との連携を日本の基本政策とすることの支持者の方が多かったが、社会党、共産党支持勢力も大きな存在感を示していた。

当時、都市の目抜き通りには、「赤旗」など共産党の出版物を売る店があったし、電車内で「赤旗」を読んでいる人を見かけることも多かった。大学生や若い勤労者たちが共産党に入党する例も少なくなかった。

私は当時、兵庫師範学校明石附属小学校六年生だったが、明石駅前で「赤旗」を売っている共産党のおじさんに口論を挑み、与党の民自党の政策の宣伝をした。二、三日後、共産党のおじさんたちが私が登校する附属小学校に来て、「附属では反共教育をしているのか」と抗議した。

企業の労使交渉では、労働側の委員は共産党員か、共産党シンパである例が多かった。彼らは、サラリーマン出身で経営側委員だった私の父などに、「もうすぐ日本でも革命が起こり、共産党政権が誕生する。そうなったら、アンタたちは監獄行きやでェー」と忠告するのだった。

このように吉田ワンマンを代表とする親米英勢力と親ソ、親中共の社会主義ないし共産主義勢力が対決する形となっていた一九四九（昭和二四）年夏、国鉄を舞台とする三つの怪事件が起こり、国民に大きなショックを与えた。

七月五日、私の父及び私の伯父・谷口豊三郎氏の学生時代の同級生だった下山定則国鉄総裁が出勤途上に行方不明となり、その日の夜中に国鉄の線路上で死体となって発見された（下山事件）。

七月一五日夜九時二四分、中央線三鷹駅で無人電車が暴走して駅近くの建物を破壊し、数名の死者が生じた（三鷹事件）。

八月一七日午前三時九分、東北本線金谷川・松川間で上り線の旅客列車が明らかに列車妨害と見られる行為で脱線転覆し、機関士、助手など三名の運転要員が即死に近い状態で死亡した（松川事件）。

下山事件については、下山総裁の自殺か他殺か、六七年後となる二〇一六年においても論議されているが、三鷹、松川両事件は明らかに列車妨害と故意に引き起こされた事件で、この国鉄三事件が国民に与えた衝撃は大きく、日本国民は国の将来の歩みについて冷静に考える機会を得たのだった。

## 四　下山事件――我が父と伯父の同級生、下山国鉄総裁の悲劇

国鉄三事件の中でも最も大きな関心を集め、六七年もの年月が経過した二〇一六年の今日でも時折、論じられている事件が下山事件だと言える。

私が附属小学校六年生だった一九四九（昭和二四）年七月六日の朝刊（当時、夕刊はなかった。その後、二カ月ほどして夕刊が復活す）に「下山国鉄総裁、行方不明」という記事が出た。出勤の準備中だった父が「下山くんが行方不明か？」と驚いた様子で声をあげた。その朝、私が小学校に登校した時、級友が「下山総裁、死体で発見さる」という「号外」を街で拾ったと言って、私に見せてくれた。

当時、四七歳という若さだった下山定則国鉄総裁は、旧制三高理科では、私の父及び私の伯父、谷口豊三郎氏と同級生で、さらに東大工学部では、引き続き谷口氏と同級生だった。

当時の国鉄は約六〇万人もの職員を抱え、明らかに人員過剰だった。舞子駅で昼間に七、八名の駅員たちが近くの公園の広場で野球に興じていたことがあった。

国鉄はまず職員九万五〇〇〇人を削減することを決め、下山総裁は行方不明となった七月五日の前日に、解雇の第一陣として、三万七〇〇〇人に解雇通知を出す命令をしたばかりだった。

　私は父と伯父とが下山総裁と同級生だったこと、総裁の次男、俊次氏には仕事の上で何かと指導していただいたこと、総裁の芳子夫人と会ったこともある等の事情もあって、下山事件については特別に関心を抱き、この六七年間、下山事件に関するあらゆる文献を収集し、所持しており、すぐにでも下山事件についての私の見解をまとめて、本として出版できると思っている。

　総裁が行方不明になった七月五日朝、総裁はいつも通り、大西政雄運転手が運転する専用車で大田区上池上町の自宅を出発し、東京駅近くの国鉄本社に向かったが、途中で千代田銀行に立ち寄り、日本橋の三越に入り、出てこなかった。大西運転手は午後五時まで三越の駐車場で待っていたが、車内で聞いたラジオのニュースで「下山総裁行方不明」と報じられたことに驚き、すぐに国鉄本社に専用車を走らせて、報告したのだった。

　そして、その日の真夜中、暦の上では翌日朝となる七月六日、〇時二五分頃、下山総裁は常磐線北千住駅と綾瀬駅間の下り線の線路上で死体となって発見された。

　この事件は日本中で大騒ぎとなり、下山総裁は労組側あるいは共産党関係の者に殺されたという見方が強かった。特に、死体を鑑定した東大医学部の古畑教授が「死後轢断」という判定を出したことで、他殺説が一挙に強くなった。

　ところが、その直後、現場から遠くない末広旅館という「連れ込み宿」的な旅館に、当日の午後の数時間、休んでいった紳士が下山総裁そっくりだったという旅館の女主人、長島フクさんの証言が出て、自殺説も有力となった。

古畑氏の「死後轢断」の判定には慶應大の中館教授から異議が出たほか、錫谷徹氏は法医学者の立場から、古畑鑑定では生体轢断か、死後轢断か判断は不可能なはずだと主張している。

下山総裁が自殺だったのか、他殺だったのか、わからないまま、六七年が過ぎた。下山事件については一〇冊ほどの単行本も出版され、戦後の日本社会での最大のナゾの事件とされていると思う。

一般的に、他殺説の方が多かったように思われ、朝日新聞、読売新聞は他殺説、毎日新聞だけは自殺説だった。

しかし、警察関係者の中では圧倒的に自殺説が多く、当時の田中栄一警視総監、原文兵衛元警視総監のほか、事件の捜査を担当した捜査一課の関係者は、ほぼ全員が自殺説だった。

他殺説は国鉄関係者に多く、加賀山国鉄副総裁は強く他殺説を主張していた。当時、朝日新聞記者だった矢田喜美雄氏は強烈な下山他殺論者で、『謀殺・下山事件』(四)という著書を出したが、あの本の記述が真実だとすれば、他殺に違いない。しかし、矢田氏の著書についてマスコミ関係者は「ガセ・ネタの聞き込みが多過ぎるように思う」と批評している。

下山総裁と三高・東大で六年間、同級生で、親交があったという谷口豊三郎氏(元国際綿及び繊維産業連盟会長)は、一九九四年、九三歳で他界したが、死の直前、東洋紡績本社で、私に、

「下山さんは絶対に他殺だ。下山さんは人格高潔で秀才タイプだったが、気が小さくて、臆病者で、堂々たる体格をしていたが、とても大量の人員整理をやれるような人ではなかった。あのような小心な人が鉄道自殺のように、勇気がいることをする筈がない。下山さんは絶対に自殺ではない」と語った。

日本復興及び高度経済成長期に財界リーダーとして活躍した石坂泰三氏は、

「下山総裁の死のお蔭で、ボクは大量の人員整理ができた。総裁の死はムダではなかった。日本復興のために、下山総裁は大きな貢献をなされたと思う」

と述懐していた。

下山総裁は、他の多くの総裁候補者がそろって辞退する中で、あえて極めて困難な役割をもつ国鉄総裁を引き受けられ、日本復興のために、貴重なる貢献をなされたのだった。下山総裁は国鉄労組の人びとからも慕われていて、労組代表の鈴木市蔵氏による弔詞は、まさに感動的な内容だった。

## 五　また戦争か？——日本人たちがショックを受けた朝鮮戦争の勃発

一九五〇（昭和二五）年六月二五日（日曜日）のことだった。

この日の早朝、北朝鮮軍が当時の南北朝鮮の境界線だった三八度線を越えて、韓国に大々的に侵入した。当時は日曜日も夕刊が発刊されていて、夕刊で北鮮軍の南への侵入は大きく報じられた。米軍は直ちに日本からソウルに飛行機を派遣し、ソウルに居たアメリカ人約二千名を救出した。日本国中で、アメリカが韓国を救うために出動するかどうか注目した。北鮮軍の侵入の直前、極東を視察したアメリカ政府高官が「アメリカによる防共ラインは台湾─日本の線だ」と語ったこともあって、アメリカは朝鮮半島を救うためには手を出すまいという観測も根強かったと記憶する。

しかし、六月二七日、トルーマン米大統領は米国の空、海軍に韓国を救うために出動せよと命じた。同じ日、六月二七日、国連安全保障理事会は国連が韓国を救うため軍事行動をとることを決議した。当時、ソ連は台湾に逃げている国民政府が中国を代表することに抗議して、国連をボイコットしていたが、安保理に出席して拒否権を発動することは可能だったとされていた。

しかし、ソ連が国連軍の韓国派遣に拒否権を発動しなかったのは、何かの手続き上のミスが原因だったのか、それとも、国連軍派遣はアメリカなど自由陣営側にマイナスになると読んでいたのか、ソ連の拒否権不行使の理由は不明である。

六月二九日には国籍不明機が北九州上空に飛来して、空襲警報が発令された。

北鮮軍の戦力は強く、一時期、国連軍及び韓国軍は釜山近辺まで押しまくられて、対馬で戦いの銃声が聞こえるような情勢だった。

国連軍の指揮官となったマッカーサーは九月一五日、北鮮軍の補給路線が伸び切った弱点をついて、ソウル近くの仁川に海上から七万人の部隊を上陸させ、国連軍の健闘を祈る日本では、この仁川上陸作戦の成功に沸きに沸いた。

国連軍は三八度線を越えて北鮮内に入り、北鮮の全土を制圧するかと思われた時、一〇月末に北鮮を支援するため、中共軍が参戦した。

その後、国連軍・韓国軍と中共軍・北鮮軍との間で戦闘は一進一退となり、一九五一年四月にはマッカーサーがトルーマンによって解任される事件も起こったが、アメリカ大統領に、朝鮮戦争終結を公約にかかげて当選したアイゼンハワーの提案もあって、一九五三（昭和二八）年七月二七日、休戦協定が成立した。

日本での左翼的評論家たちは「朝鮮戦争はアメリカ側が始めた」と主張していたが、その後、北朝鮮の金日成主席の側近だった男が西側に脱出し、朝鮮戦争は金日成が提案し、「今なら韓国を制圧できるし、米国は出てこない」とスターリン、毛沢東を説得して、決行したことを明らかにしている。戦闘の情況から見ても北鮮側が始めたことは明らかである。

日本では、当初、朝鮮戦争の勃発で東証株価指数は暴落したが、私の伯父や父と親しかった今里広記氏（財界の指導者）は、朝鮮戦争の勃発に際して株を買いまくり、この投資は大成功したと回想しておられた。朝鮮戦争の特需で三五億六千万ドルと推定される現金が日本の産業界をうるおして、これにより、日本経済は戦前並みに復興したと推定する報告書もあった。

## 六　突然のショック！　マッカーサー解任

一九五一（昭二六）年の元旦、前年一一月に朝鮮戦争に中共軍が介入して北鮮軍が勢力を盛り返していたが、元旦の日に共産側は三八度線を越えて韓国側に進入し、一月四日、国連軍はソウルから再び撤退する苦境に立った。

前年（一九五〇年）一〇月一五日、トルーマン米国大統領とマッカーサーとは、ハワイ西北方のウェーキ島で短い会談をもって、朝鮮戦争や極東情勢について話し合った。このトルーマン・マッカーサー会談は当時、日本でも大いに注目されたが、会談の内容については知られなかった。マッカーサー回想記では会談の内容には特記すべきものはなかったと記されている。

その後、中共軍の北鮮軍への協力の度合いが増して、韓国領内での進撃が進む事態となり、マッカーサーは「中共軍に対抗するために満州を爆撃すべきだ」などと、対中共強硬論を主張するようになった。長期的に見て、マッカーサーの対中共強硬論が米国や自由主義陣営にとって有益であったのかも知れないが、国連軍司令官としてマッカーサーがそのような重大な発言をすることについて、国連軍に少しでも兵を送っている自由陣営側の諸国の政府首脳の中には不信感をおぼえた向きもあっただろう。

アメリカの国務省も、マッカーサー解任の半月ほど前の三月二六日、マッカーサーが中国本土攻撃を示唆したことに関して、重要声明をする時は事前に連絡するように要請した。

朝鮮半島に派遣される国連軍の司令官はアメリカの大統領が任命することが決められていたので、トルーマンにはマッカーサーを解任する権限があった。

当時は米ソ対立が深刻化しつつある情勢で、一方、ソ連と中共とは友好関係にあり、緊密に協力していた。もしも、主力はアメリカ軍である国連軍がマッカーサーが主張するように中共を爆撃すれば、すでに原爆の保有に成功したソ連が戦争に介入して、恐ろしい第三次世界大戦に発展する危険性があったので、トルーマンはマッカーサーを国連軍司令官から解任し、合わせて在日連合軍司令官からも解任したものと考えられる。解任は突然、一九五一年四月一一日に発表された。

なお、トルーマンとマッカーサーとはかねてからウマが合わなかったという風評もあった。マッカーサーはその父は有名な陸軍軍人であったし、本人はニューヨーク近郊のウェストポイントにある陸軍士官学校を稀に見るような、抜群の好成績で卒業した秀才だったが、他方、トルーマンは出身は疑い深い連中という風評もあるミズーリ州民であり、小さな商店で働いていた経験を持つ「立志伝中の人物」だった。いわばエリートとたたきあげという相違があり、性格的にも合わなかったと憶測する向きがあった。後任には朝鮮半島での戦闘に参加していたリッジウェイ中将が任命された。

四月一一日の解任発表から僅か五日後の四月一六日の朝早く、マッカーサーはジーン夫人、アーサー少年のほか、少数の幕僚たちと共に、羽田空港から離日し、アメリカに帰国した。実に一五年ぶりの帰国だったようだ。マッカーサーが乗る飛行機は約五機の米軍戦闘機によって護衛された。

日本では猛烈なマッカーサーを惜しむ感情が沸き起こり、当日、マッカーサーが羽田へ向かう自動車を見送るため約二〇万人もの日本人が国道の近くに集まり、涙を流す人も多かったといわれる。

私たちの世代の者は、いわばマッカーサー時代に少年期を送ったので、マッカーサーについての興味は今もつきないものがある。

## 七　忘れ得ぬサンフランシスコ講和条約の感激

焼け野原の、いわば断末魔の時代の日本で生きた経験をもつ私たちの世代にとって、日本降伏から約六年経過して、講和条約を結ぶ日を迎えたことは大きな感激だった。

一九四五（昭和二〇）年九月二日に、東京湾でミズーリ号上で降伏式が行われて以後、私たちは、「早く講和条約が締結できて、日本が国際社会に復帰する日が来るとよい」と話し合っていたのだ。

講和条約が結ばれた年一九五一（昭和二六）年の四月には、マッカーサー連合軍司令官の解任、国鉄桜木町駅事件などがあったが、ついに同年九月四日からアメリカのサンフランシスコで約五〇カ国が参加して討議が行われ、九月八日、日本を含む四九カ国が署名して「平和条約」が成立したのだった。

サンフランシスコを私は一五回ほど訪れたことがあるが、太平洋とサンフランシスコ湾に面する美しい町で、気候は夏は涼しく、冬は暖かいという特徴があり、住むのに快適な環境に恵まれている。

日本国民待望の講和会議――この会議のため、一九五一年八月三一日、吉田茂首席全権など全権団や政府高官、国会議員たちは、チャーターしたパン・アメリカン航空機で羽田空港を出発し、ハワイで休息したのち、九月二日、サンフランシスコに到着した。当時はプロペラ機であった。

昔から、サンフランシスコを代表する名門ホテルはフェアモントとマークホプキンズの二つだと言われているが、日本全権団はマークホプキンズに宿泊した。吉田首席全権とその側近だけは、吉田氏の古くからの友人だというスコット氏の邸宅に宿泊した。

なお、シスコに向かう飛行機の機中で、政府与党の有力議員だった木暮武太夫が機内に持ちこんだ「たくあん」（漬物）が発するにおいが機中にただよったことがあった。

吉田茂にとって、首相として日本復興のために奮闘し、講和会議の首席全権としてのぞむのだから、人生の大舞台であったが、当初、吉田は自分が講和会議の首席全権を務めることを強く辞退し、「誰か長老に首席全権になってもらいたい」と訴えていた。

吉田としては、敗戦国側の代表者という立場がイヤだったのかも知れないが、アメリカのダレス特使や昭和天皇の強い説得で、首席全権を引き受けたと言われている。

歴史的な、日本と約五〇カ国との間の講和会議はサンフランシスコの町のほぼ中心部にあるオペラ・ハウスという、通常オペラなど演劇を楽しむ立派なビルで開催された。私はオペラ・ハウスを二回訪問したことがあるが、入口に近い壁にプラックと呼ばれる金属製のパネルがはりつけてあり、そこには、「このビル内で、一九五一年九月八日、日本との平和条約が署名された。このプラックは平和条約のあらゆる会議がオペラ・ハウスで開かれたことを記念して、米国国務省の名においてサンフランシスコ市に捧げられる」と記されている。

なお、一九四五年五月二六日、まだ日本だけが絶望的な中で世界中の国々を相手にして戦争していた時に、早くも新しい世界平和を守る骨組みとして国際連合憲章がオペラ・ハウスのすぐ隣りのハースト系新聞連合のビルで署名され、その後すぐに会場をオペラ・ハウスに移して国連憲章の成立を祝うパーティーが開かれたと、ハースト系ビルの職員は語っていた。この国連創設会議については、当時、記者だったJ・F・ケネディも報道した。

この平和会議では、日本と四八の交戦国との和解という面よりも、日本と四八の交戦国が協力し合って、世界平和を乱そうとする共産主義国グループと対決しようとするムードが強かったと見なす向きもあった。当時、中学二年生だった私は、この見解を私の父とつき合っていた全国紙の大阪経済部のベテラン記者から聞いた。

この動きの圧巻はセイロン代表のジャワルデ氏の演説であり、同氏は「自由主義陣営は日本を新しい友として歓迎し、平和を乱す勢力（共産陣営）に対抗する」と理解されるような熱烈なるスピーチをしたのだった。

なお、平和会議が終了してから約五時間後、吉田首席全権は一人で、日米安全保障条約に調印した。

## 八　戦争の悲劇――心が痛む「東京ローズ」の悲運の人生

終戦直後から、日本の社会で、「東京ローズ」をめぐる、その悲運の人生について、時折報じられ、人びとの同情を呼んだことを記憶している。「東京ローズ」とは、戦時中、日本が行ったアメリカ、イギリス軍などに対する宣伝放送で、主として英語が非常に上手な日系女性がアナウンサーとなって、日本と戦っている米軍など、連合軍の兵士に、厭戦気分や、ホームシック的な戦意喪失を起こさせようとした放送をした日系女性たちを指したようだ。

このような日本側の宣伝放送でアナウンサーの役割を務めた女性は数名いたようだったが、その代表的な女性として、ロサンゼルス出身で、一九一六（大正五）年生まれの日本名・戸栗郁子さんが居た。以下、戸栗郁子さんを「東京ローズ」として紹介していきたい（五）。

戸栗郁子さんの両親は山梨県出身でアメリカに渡り、ロサンゼルスで八百屋をしていた。両親は教育熱心で、「東京ローズ」こと戸栗郁子さんは大学院にまで進学していた。

日米戦争が始まる五カ月前の一九四一（昭和一六）年七月、母の妹の病気見舞のため、戸栗郁子さんは来日し、横浜に居る母の妹の病気を見舞った。しかし、来日して間もない一九四一年一二月、真珠湾攻撃による日米戦争が勃発し、郁子さんは両親がいるロサンゼルスに帰れなくなった。両親もカリフォルニアにおける日系人留置措置で、アリゾナ州のキャンプに強制収容された。

米国籍で、日本語をほとんど話せなかった郁子さんは生活に困ったが、英語を母国語とする故に、日本の対連合軍兵士への宣伝放送のアナウンサーをすることになった。彼女は米国兵士たちに向けての放送で「船が沈められたので、アメリカに帰れませんよ」とか、「アメリカの故郷では、奥さんが浮気をしてますよ」といった放送をしていたらしい。

このような日本側の宣伝放送をする部署には、郁子さんと同じように米国籍の人員もいて、郁子さんは米国の放送を聞いて、連合軍側が日本に対して有利な戦況を知り、そのような同僚に「もう少しで戦争は終わるから、お互いにがんばりましょうね」とはげまし合っていたという。

そして、終戦。戦闘中に「東京ローズ」の放送を聞いていた米国兵は放送局に乗り込んできて、「東京ローズはどこに居る？」と言って、アナウンサーを務めた女性たちを詮索した。

他にも「東京ローズ」を務めた女性はいたが、何故か、郁子さんだけが「東京ローズ」ということになり、アメリカの記者たちから質問攻めにあったりした。そして、米国側から、国家反逆罪として取調べを受けて、一九四八（昭和二三）年九月末、サンフランシスコへ移送され、翌年九月、連邦裁判所で禁固一〇年、罰金一万ドルという判決を受けた。

アメリカの兵士の中には、「戦地で東京ローズの放送を聞くのは楽しみだったよ」といって戸栗郁子さんを弁護した人もいたが、東京ローズを国家反逆罪の故に攻撃して、売名をはかろうとした連中がいたらしかった。

郁子さんはウェスト・ヴァージニア州オルダーソンの婦人刑務所に収容され模範囚となり、六年三カ月入所していて、一九五六年一月末に釈放された。彼女は四〇歳近くになっていた。

アメリカ兵士が対日戦争で、一一万人も戦死したこともあって、終戦後、アメリカ人の対日感情が悪い時期があったことが郁子さんへのきびしい処分に反映したようだった。

終戦後、郁子さんの父はシカゴに移住させられていたが、父は郁子さんのために弁護士探しを一生懸命にして、サンフランシスコのコリンズ弁護士だけが郁子さんのために活動してくれた。

私は一九六二年以降、一九八八年までの間に九年間アメリカで生活した。

一九七二年と一九七三年に、シカゴで日米財界人会議があり、ニューヨークで勤務していた私はシカゴに出張する機会があった。シカゴの日本人街で戸栗郁子さんが日系人向けの書店で働いていると聞いていたので、是非、郁子さんに会ってみたいと願っていたが、シカゴでの財界人会議には、日本から木川田一隆、田部文一郎、津田久、長谷川周重、上野幸七といった重要な財界人たちが出席し、そのお世話に忙殺されていたので、東京ローズのことは忘れてしまっていた。

二〇一五（平成二七）年一月二一日、NHKが「東京ローズ」こと戸栗郁子さんについての特集番組を放映した。その報道によると、郁子さんはずっとシカゴに住み続け、二〇〇六（平成一八）年、九〇歳で他界されたということだった。

## 九　天皇家を守るためか？——戦争の悲劇の直撃を受けた近衛家

日本の十五年戦争の結果として、日本の最上層部のグループの中で、日本の悲劇の直撃を受けたのは近衛家であったと言えよう。

歴史的に見て、近衛家は日本では天皇家に次ぐ名門の一家とされ、代々、天皇の近くにあって、天皇を護衛する役割を担うとされてきた。日本の完璧な敗戦によっても、昭和天皇と天皇制は生き延びたが、天皇の近くにあって天皇を護衛するという役割の近衛家では、当主の近衛文麿元首相は東京裁判への出頭を命ぜられて服毒自殺し、長男、近衛文隆氏は一一年間ものソ連での抑留生活を送った後、日本への帰国が真近いような情勢の時に、一九五六（昭和三一）年一〇月にモスクワ北方約三〇〇キロのチェルンツィ収容所で死去した。

近衛文麿の責任としては、基本的には「英米本位の平和主義を排す」と論じて、世界には持てる国と持たざる国とがあるが、持たざる国に十分配慮すべきだと主張し、日本が独・伊と連携する源流をつくる素地をつくったこと、一九三八（昭和一三）年一月、「国民政府を相手にせず」という声明を出して日中戦争の解決を困難にしたこと、一九四一（昭和一六）年七月の日本軍の南部仏印進駐を決めて、日米戦争の直接の原因をつくったことなどがあげられる。

しかし、これらの近衛の責任は近衛のみが負うべきとは言えず、天皇を含む政界、軍部にも十分な責任があったというべきである。近衛は死を前にした夜、一九四五（昭和二〇）年一二月一五日夜、文書を残し、その中で「殊に僕は支那事変に責任を感ずればこそ、此の事変解決を最大の使命とした。そして、この解決の唯一の途は米国との諒解にありとの結論に達し、日米交渉に全力を尽したのである」としたためていた。

東京裁判の判決で、外交官出身の広田弘毅が死刑となったのは、自決した近衛の身代わりだったと感じた人がいたように、近衛が死刑になっていた可能性もあったので、近衛の自決は止むを得なかったのかも知れないが、他にもっと責任が大きかったと感じられる被告が終身禁固になっている例も多かっただけに、近衛の自決は悲劇であった。

近衛文麿の長男、文隆は一九三二（昭和七）年から約六年間、アメリカのローレンスヴィル・スクールとプリンストン大学に留学して日本に帰国し、一九四〇（昭和一五）年からは中国大陸で兵役についた。一九四五（昭和二〇）年八月二二日、日本敗戦直後に捕虜となり、約一一年間もソ連各地の捕虜収容所で労役につかされ、いよいよ釈放されて日本への帰国が真近いと予期される時期に死去した。

近衛文隆が死去する直前、日ソ国交回復交渉のため訪ソする鳩山首相を訪れた近衛文麿の妻で、文隆の母である近衛千代子は、鳩山に、「自分は死んでもよいから、文隆が日本に帰れるように配慮してほしい」と訴えたという。

文隆は兵役についていた時、一九四四（昭和一九）年一〇月、ハルピンで西本願寺法主、大谷光明の娘である大谷正子と結婚式をあげたが、その後、約一〇カ月でソ連に抑留されてしまった。そして、文隆の死後、一九五八（昭和三三）年一〇月、近衛正子夫人はイヴァノヴォ郊外の夫の墓地を訪れて、夫をとむらったのだった。

十五年戦争では、日本人約三一〇万人が戦争によって生命を失ったとされている。また、戦争によって肉親を失うという悲劇を経験した人も多数いた。近衛家は日本の最上流階級を代表して、このような日本人の悲劇を味わったのかも知れない。

## 一〇　生き延びた二人の参謀——服部卓四郎と辻政信（六）

私たちの世代の者の多くは、十五年戦争の過程で日本はミッドウェー以後は、事実上、「負け戦」の連続だったが、参謀本部は戦況についてどのように考えていたのかという疑問を永年にわたって抱いてきたと言える。

参謀本部はエリート集団といわれ、陸軍大学や海軍大学を優秀な成績で卒業した軍人が多かったとされる。このような参謀の中で、一般によく知られた者として、陸軍参謀の服部卓四郎と辻政信とをあげることができる。

この二人は戦時中、参謀として重要な作戦をたてる責任者を務めたが、戦後は二人とも戦犯として責任を問われることもなく、服部は米軍による戦史作成に日本側から協力する作業に関与したと言われ、自衛隊の発足時にも有力な幹部候補として名があがった。

辻政信は戦後、タイ国内で地下に潜行し、ベトナム周辺を潜行して、重慶におもむき、南京、上海を経て、日本に帰国した。その後、大きな話題を呼んだ『潜行三千里』という本を出版して有名になったが、衆議院議員、参議院議員として活躍した。その後、池田勇人首相時代に、池田首相の密命をもって、おもむいたという説もあるが、カンボジア方面に出かけたまま行方不明となって、そのまま人生を閉じたと見られた。

辻の身体には多くの銃弾またはその破片がささったままになっていたという。まさに軍人として波乱万丈の人生を送った辻政信であった。

服部卓四郎は満州事変、日中戦争、ノモンハン事件、ガダルカナル、サイパン島、比島防衛作戦、硫黄島作戦について参謀を務めて、作戦をたてたが、日本軍は戦果はあがらず、服部は終戦時は中国の山間で戦っていた。

辻政信は参謀として、張彭峰、ノモンハン、シンガポール、サイゴン、ガダルカナル、ビルマでの戦闘で作戦をたてる重要人物として活躍した。

この二人のエリート参謀がつくった作戦によって、日本軍は苦戦となったケースは多く、何万という日本兵たちが生命を失った。その故、戦後は二人とも戦没兵士たちの霊をなぐさめつつ、静かにしていて欲しかった。

実際には、服部卓四郎は米軍に協力して戦史の編纂の事業に参画したし、自衛隊発足については最高幹部の候補にもあげられた。しかし、吉田茂首相が「旧日本軍の幹部を自衛隊の最高幹部にするのは適当でない」と判断した。

辻政信は衆院議員、参院議員となり、旧日本軍の立場を弁護するような主張をした。

映画「二十四の瞳」は一九五四（昭和二九）年九月に上映され、日本映画史上最高と言われるほど多数の観客を集めた。「二十四の瞳」は全く静かな調子で反戦平和を訴えた名作といわれ、戦争絶対反対という日本人のコンセンサスを表した記念すべき作品といわれた。この映画を見た当時の大達茂雄文部大臣も、池田勇人自由党幹事長（のちに首相）も大感激して、泣いた。

しかし、辻政信は「二十四の瞳」について不快感を表した。辻は「こんな映画は日本人を戦争嫌いに導くから良くない。日本にとって困ったものだ」と発言した。辻は戦争について反省することはなく、日本再軍備は必要だと主張していた。

二〇一五（平成二七）年頃だったと思うが、辻政信が、吉田首相が再軍備に反対し、日本軽武装の方針を取っていることに反発して、吉田首相を暗殺する計画を持っていたという報道が流され、私たちの世代の者は辻の恐ろしさを再認識したのだった。

## 一一　日本、輝かしい経済成長へと進む

終戦後、日本人が外国に出かけることは、一般的には不可能な時代が永く続いた。この間、日本の社会で猛烈なアメリカへの憧れの風潮が起こった。何事でもアメリカに学べという時代が続

いた。

戦後五年目を迎える一九五〇（昭和二五）年一月、私の父がアメリカ電気事業視察団の一員として渡米した。その頃の航空界はパン・アメリカンとノースウェストの全盛時代だったが、プロペラ機で、羽田空港を出発しても、エンジン不調で引き返すこともあり、また、羽田からホノルルへの直行が困難で、ハワイ西北方のウェーキ島に立ち寄ることもあった。

この電気事業視察団は実に三カ月の長きにわたってアメリカ各地を視察したが、これに参加した私の父の帰国談によれば、アメリカのすごい富と物量に圧倒され、日本がアメリカのレベルに達することは不可能だと感じたとのことだった。

しかし、この頃から日本に有利な条件となる現象があらわれ始めた。米ソ対立と中共の中国制覇で、米国は日本を強くする方向で動くようになった。

何よりも一九五〇（昭和二五）年六月二五日の朝鮮戦争の勃発で、日本はその関係の特需が大きくなり、経済発展に寄与した。朝鮮特需に関連する日本経済の拡大の背景には、当時の世界の石油の供給力が拡大傾向で石油が安定して供給され、エネルギー弱国の日本にとって幸運だったこと、中国が中共によって支配され、米国など西側諸国との交易が順調でなかったこと、日本の軽武装方針で産業への投資を重点的にできたこと、日本人の勤労意欲が高かったこと、日本人が低賃金によく耐えて、会社の投資方針に協力したことなどがあげられる。

一九六二（昭和三七）年、私は初めてアメリカで生活する機会を得たが、予期した通り、日米間の生活レベルの差に圧倒された。日本には当時、ハイウェイは全くなく、スーパーマーケットも一号店ができたといわれるような状態だったが、アメリカでは、至る所にハイウェイがあり、自動車は大きく、どこの小さな町にも立派なスーパーマーケットがあった。

当時のアメリカは石油の巨大生産国で、石油コストは安かったので、照明、暖房はぜいたくなほどに使われていた。しかし、日本も徐々に、アメリカを追うような形で経済発展への道を歩み始めた。

日本に有利な条件となったのは、石油の輸入がほぼ自由に行われ、コストも安かったこと、日本の防衛コストが安く、経済対策に資本をまわせたこと、日本人が勤勉だったことの他、農地改革、企業別組合、終身雇用の制度が労働力の長期安定的確保に役立ったことがあげられる。

一九五六（昭和三一）年の経済白書では、有名な「もはや戦後ではない」という名言が注目を引いた。ところで、日本経済の戦後の復興について、一般的には経済発展に重点を置いた日本の政策の成功、アメリカの援助、日本人の勤勉性、日本の弱点であるエネルギー資源の確保の問題が少なく、安いコストで可能だったこと、通常型技術による大量生産が日本人に向いていたことがあげられている。

永野護元運輸相は「戦時中はロクに働かなかった労働者たちが、戦後、職務を自覚してよく働くようになったのが日本復興にプラスとなる」と記述した（七）。

一方、経済学者の野口悠紀雄氏は大阪倶楽部での講演で、「戦後の日本の経済改革は、すでに一九四〇（昭和一五）年に日本の経済官僚が予定していたもので、たまたま戦後、数年かけて実現したわけで、日本の敗戦とも、アメリカ占領軍の方針とも全く関係ない」（八）との見解を示した。たしかに、日本では官僚の政策や方針は影響力をもつが、戦前・戦中と戦後とでは、日本の社会的事情が著しく変化したことを見逃してはならない。

戦後の日本では、軍需産業から民需的な生産への転換、天皇主権から国民主権への転換、教育水準の向上、所得階級の平準化、人権意識の向上、家柄重視から個人の人権重視への転換など経済生活にとって好ましい変化が多く現れた。

創業者型経営者は少なくなったが、サラリーマン出身の経営者が増えて、これは労使協調や企業内での一体感を増すことにも貢献した。

このように、日本経済はほぼ順調に拡大し続け、一九六〇年代の後半から高度成長といわれる時代に入った。

私は一九九四（平成六）年、北朝鮮を訪れて、ピョンヤンなどを約一週間、見学した。私とともに視察チームに参加した、私よりもずっと年配の人は「今（一九九四年）の北朝鮮の生活は、昭和一〇（一九三五）年頃の日本社会の生活によく似ている」と語った。

一九九四年の北朝鮮は全く特異な国という印象を受けたが、北朝鮮の生活レベルが日本より遅れていることは事実のようだった。

日本でも戦前・戦中は軍事優先、家柄がモノをいう古い社会的傾向にあったから、一九九四年の北朝鮮のように、国際的に遅れた段階にあったと思われる。日本がポツダム宣言受諾という新しいスタートをして、社会のあらゆる部門の改革に努めたからこそ、高度経済成長がなしとげられたのであり、官僚が抱いていたスケジュールとは関係なく、極めて有意義な改革がなされたと考えられる。

## 注

(一) 高山信武『服部卓四郎と辻政信』芙蓉書房、一九八〇
(二) 同右
(三) 講談社編『日録20世紀・一九四九』講談社、一九九七
(四) 矢田喜美雄『謀殺・下山事件』講談社、一九七三
(五) 週刊新潮編集部編『マッカーサーの日本』。生けにえにされた東京ローズ
(六) 同右 (一)
(七) 永野　護『敗戦真相記』バジリコ、二〇〇二
(八) 野口悠紀雄『戦後日本経済史』新潮社、二〇〇八

# 第八章　日本の暗黒時代を回顧して

## ——未来のための教訓は何か？

## 一　『敗戦真相記』――永野護氏の見解

二〇〇二（平成一四）年七月、永野護元運輸相が終戦直後の一九四五（昭和二〇）年九月に、広島で講演した原稿に基づく『敗戦真相記』が出版され、かなりの話題を呼んだ。

終戦直後で日本国民が虚脱状態にあった時、広島での永野氏の講演は当時の人びとを力づける有益な内容だったが、二〇〇二年や、二〇一六年の今日にあっても、日本人として学ぶべき、多くの示唆、教示を含んでいる。

『敗戦真相記』での永野氏の主張の要点

・日本の国策の基本理念が誤っていた。
・軍人たちが天皇中心の神国選民主義を教えこまれ、軍の独善が国を害した。
・東条英機による独裁で、人びとが言いたいことが言えなくなってしまった。
・科学無視となり、軍人は精神力だけで戦争に勝てないことが理解できなくなった。
・大東亜共栄圏思想は日本本位の自給自足主義で、アジアの人びとの支持が得られなかった。
・日本の指導層の人たちがドイツの物真似をした。「ドイツに学べ！」という叫び声が日本をほろぼした。

・日本の陸軍と海軍が対立し、適切な作戦がたてられなかった。

このように、永野氏は日本の戦争について徹底的に反省したが、焼け野原の日本についての「希望」を次のようにしたためたのである。

「我々は戦いに敗れたが、戦いの不幸なる贈り物ではあったけれども、国民としては人間の威厳を取り戻した民主主義的な生活を創造することができるし、国家としては、日本本来の平和国家にまい進する道が開けたと言えるでしょう。

私は戦争の廃墟の上に再建されるべき新しい日本の前途に、洋々たる希望を持ち得るのであります。」

当時、餓死者も出ると言われた焼け野原の日本で人びとは、この永野護氏の教示に見られる精神を心に秘めて、日本復興のためにがんばったと回想する。

## 二　渡辺鋹蔵氏の主張――「自滅の戦い」

終戦後、一九四八（昭和二三）年の東宝大争議の時、経営側の代表として、剛腕のガンコ者の経営者として有名になった渡辺銕蔵《てつぞう》氏は三〇歳で東大教授になるなど、エリート的な感じの人物で、反共で、戦後は憲法改正、日本再軍備を主張するタカ派的豪腕経営者と見なされた。ところが渡辺氏は戦前・戦中は反戦、三国同盟反対、貿易拡大、米英との友好推進、日中戦争即時終結を主張する、いわば反「東条」的な活動家で、しばしば官憲に逮捕され、留置されたが、渡辺氏が当時の政府や法曹界の大物たちと親しかったのですぐに釈放されたという。

渡辺氏は終戦直後、『自滅の戦い』という本を出版して、日本の戦争を非難し、日本国民が十分に反省すべきことを強調した。この本の中で、渡辺氏は、戦前・戦中に日本が取るべきだった政策として、「①米国とは絶対に戦うべからず ②貿易重視 ③米との友好推進 ④日中戦争即時終結 ⑤ソ連には注意し、警戒せよ ⑥統制経済を避けよ ⑦立憲政治、議会を尊重せよ ⑧言論、報道の統制をするな」といった諸点を強調した。

十五年戦争の時、日本の支配層に渡辺氏のような考えの人が多かったら、日本の悲劇は回避できたであろう。

渡辺氏の『自滅の戦い』は十五年戦争の期間の日本の過誤について、適切な分析をしており、歴史を学ぶ者にとって必読の書と言える。

## 三　共産圏の生活に魅力なし——この目で見た東欧共産圏と北朝鮮

終戦直後の焼け野原の日本の社会で、社会主義体制あるいは共産主義体制を支持する声は二〇一六年の今日よりも、ずっと強かったと記憶する。

戦後間もない一九四七年五月には衆参両院で社会党の片山哲氏が首相に指名された。片山氏は人格高潔で清潔な感じのクリスチャンで、低所得層を相手とする法律活動をしてきた政治家だった。また、神戸の街角で、赤旗（共産党の機関紙）を売っている活動家を見かけることが多かった。

一九四九年一〇月一日、中国内戦で共産軍側の勝利が明らかとなって、北京の天安門広場で毛沢東による勝利宣言が行われ、日本国内の共産党ないし社会党支持勢力の中では、次は日本が共産主義ないし社会主義陣営に入るとの叫び声をあげる傾向が強まった。

しかし、結局、日本は自由主義陣営の一員として行動する道をたどってきたし、東欧、中国、旧ソ連などかつて共産主義体制を取っていた国々が経済自由化と言われるような選択をする今日の情勢となっている。

私は一九七八年から一九八〇年にかけて、ヨーロッパで東西両陣営の境界に位置したオーストリアのウィーンで生活し、この間、アルバニアを除く共産圏の諸国をくまなく訪問したので、当時の東欧型共産主義体制国の内情を学ぶことができたと考えている。

東ドイツ、ポーランド、チェコスロバキア、ハンガリー、バルト三国などの諸国は文化的なレベルも高く、国民性から見ても、共産主義体制が適しているとも考えられないのに、第二次世界大戦で旧ソ連がドイツに勝利し、これらの国々を支配する体制を続け、政治・経済体制として共産主義国家と呼ばれるようになった。

自由主義、共産主義の体制の比較論はさておき、東西対立下の欧州で東側の国民が西側へ移住したいという動きが強く、ベルリンでは東側の市民が生命の危険をおかしても、西側へ脱出を試みる例が多く、ウィーンでもしばしば東側諸国の人たちがセスナ機に乗ったり、国境を越える決死の脱出をして、西側を目指した。ウィーン近辺に、このような東欧諸国からの難民を収容するキャンプができていた。

当時の東欧共産圏では、ソ連の支配下の共産党政権の独裁体制になり、共産党幹部か彼らのお気に入りの人びとだけが恵まれた生活をすると批判されていた。独裁的な官僚型政治・経済体制が敷かれて、反対派を弾圧するので、経済運用が硬直化し、自由主義経済体制下でいう経済の活性化をはかることは不可能だった。

現象面として、一九八〇年頃の東欧共産圏の国家では、街角に軍人や警官が大勢いることが多く、公害対策が貧弱なので空気は汚れており、建物、住居は西側諸国に比して見すぼらしく、鉄道の駅舎、車両も西側諸国よりも貧弱という情勢であったと言ってよい。

東ドイツを列車で移動していた時、乗客の中で、インテリという感じの老齢の男性が、周囲の人たちに注意しながら、私に、

「共産圏には行動、思想の自由はない。政府、警察によって厳重な監視が行われているからだ。選挙といっても、現実は絶対に自由な選挙ではない。

一人ひとりがどのような思想を持っているかをチェックするために、異常に沢山の警官や兵隊が必要なのだ。工場などでも、体制の維持にばかり注意が払われ、能率の向上がなおざりにされるので、西側に輸出するような製品をつくれないのだ」

と話していた。

なお、私は共産主義国家とされる北朝鮮を一九九四年に訪ねて、約一週間、北朝鮮の国内事情を見学したが、この国の情勢は共産主義体制下の東欧諸国とは異なるという印象を受けた。かつての東欧共産圏では人びとが政府など体制に不満を抱きつつ、仕方なく共産党政権に従っているという情勢だったが、北朝鮮では人びとが抱く反体制的な感情が一つのエネルギーになっているようには感じられなかった。

北朝鮮の人びとは極めてナイーヴで、素朴で、日々の生活をするのに精一杯だという印象を受けたのだったが、私が訪れたのは一九九四年八月、金日成の死去の直後という時期なので、

二〇一六年の今日では情勢が変化しているかもしれない。

いずれにせよ、終戦直後の混乱の時期に、日本が共産主義体制を選ばず、西側の一員として行動する道を選んだことは賢明な策であった。

## 四　日本を「天皇中心の神の国」にするな！

二〇〇〇（平成一二）年五月一五日、当時の森喜朗首相が神道に関係があるという議員の集まりの会で、「日本の国、まさに天皇を中心とする神の国であるぞ……」と発言したことは、かなり大きな話題を呼んだ。

ある全国紙で森番（森首相を担当する記者）をやったことがあるという記者は、「森さんは確固たる政見はなく、人との関係を重視するから、神道関係の議員の集会では、天皇中心の神の国と言ったのだろう」と話していた。

しかし、この発言は日本ではもちろん外国でも、かなり注目されたと松山幸雄・元朝日新聞論説主幹は述べている。

明治憲法では明らかに天皇に統治の全権があった。しかし、昭和憲法（現行憲法）では、天皇は日本国と日本国民統合の象徴とされ、天皇の行為は憲法が規定する国事行為に限定され、国政に関する権能は否定され、すべての天皇の行為には内閣の助言と承認が必要とされた。また、憲法前文で国民主権が宣言された。

しかし、昭和憲法発効後も、昭和天皇は閣僚に内奏を要求し、しばしば自分の意見を侍従を通じて閣僚などに伝えた。日本独立回復後の安全保障について、マッカーサーと吉田茂首相（当時）とはスイス流の永世中立国のような道を考えていたフシがあったが、昭和天皇は日本政府やGHQを無視し、頭越しにダレス国務長官と交渉して日米軍事同盟的な方式による安全保障を実現させる形となった。

戦時中にも、当時は、陸海軍については天皇が統帥権をもつとされていたから、首相は軍事行動については指揮権はなく、これは国政全体として見て、大きな問題となった。

これらの点については、終戦直後、近衛元首相が苦情めいた回顧録を残している。

このような反省もあって、昭和憲法では、天皇の役割を象徴としての役割及び国事行為を行うことに限定し、天皇の行為について内閣が助言し、責任をもつと規定されたのだった。

昭和憲法が発効し、施行された一九四七（昭和二二）年五月三日のすぐ後の同年八月二日、文部省は『あたらしい憲法のはなし』という小冊子を刊行し、私たち当時の小学生たちは、この小冊子を熟読して昭和憲法を学んだ。この小冊子では天皇について、概要として次のように説明されていた。

「こんどの戦争で天皇陛下はたいへんご苦労されました。それで、今後はこのようなご苦労をおかけすることが無いように、天皇は憲法で定めたお仕事だけをされ政治には関係されないことになりました。

新しい憲法では天皇を象徴として日本国民統合の象徴としました。天皇陛下は日本国の象徴で、国民統合の象徴であります。国を治めてゆく仕事は、みな国民がやっていかねばなりません。私たちは、天皇陛下を私たちのまん中にしっかりとお置きして、国を治めてゆくについて、ご苦労のないようにしなければなりません」

このような考え方が昭和憲法施行の時の日本国民の天皇についての総意に近いものだったと回想する。

## 五　悲しい歌、「海ゆかば」の復活を許すな！

一九一二（大正一）年創立という、大阪で最も古い社交クラブといわれる大阪倶楽部では、一九五二（昭和二七）年以降、毎週水曜日に、有力な講演者を迎えて話を聞く会を開いており、この講演会は二〇一六年五月には、三〇五〇回目の講演会を迎えている。

二〇一五年、この講演会の講師として、「日本に明治の精神を取り戻す」ことを主張している新保祐司・都留文科大学教授が登場したが、新保教授の主張は次のような内容だった。

「今の日本ではマッカーサーによってつくられた戦後体制が続いており、これを取り払って、明治の精神を基本とする日本本来の社会にかえらねばならない。現行の日本国憲法はＧＨＱ（連合軍総司令部）から配給されたもので、たとえ内容に良い所があっても配給されたものは、配給という事実だけで、絶対にダメである。

明治の精神を象徴するものは信時潔が作曲した名曲『海ゆかば』であり、かつては第二の国歌として国民に愛唱された。『歌ゆかば』が大勢の日本人に愛唱されるようになり、日本本来の精神が復活する日が必ず来ることを私は信じている。」

このように主張する新保教授は、戦争が終わってから八年経過した時にこの世に生まれてきた新進気鋭の学者であるが、私は終戦時は小学二年生で、「海ゆかば」がひんぱんに歌われていた日々をよく覚えている。

「海ゆかば　水漬《みず》く屍《かばね》　山ゆかば草むす屍《かばね》　大君の辺《へ》にこそ死なめ　帰り見はせじ」

（戦地に行き、海や山で死ぬが、大君（天皇）のそばで死ぬのであり、後悔はしない）

太平洋戦争の初期に「海ゆかば」は歌われなかったが、太平洋各地で日本軍の玉砕（全滅）が相次ぎ、男性にとっては戦死することが身近になってきたので、「海ゆかば」が歌われるようになったのだろう。いよいよ日本が負けるという悲しい日々に、「海ゆかば」が歌われたことは間違いない。

私は終戦の年の春、八月一五日（終戦の日）よりも四カ月ほど前のある日、明石海峡に面した舞子という町の漁業者が多く住む区画の小さな広場で、一五人ほどの人が集った出征兵士を送る集いを見たことがある。

すでに日本軍の敗勢は確定的で、出征兵士を送る人びとの間では悲壮感がただよっていた。出征兵士は二〇歳ぐらいの若者だった。そこで、集会の終わり頃に、「君が代」と「海ゆかば」が歌われた。

二〇歳ぐらいの出征兵士の母親は「海ゆかば」が歌われている間、ずっと涙を流していた。すでに、一般の人びとの間でも、「今頃出征する兵は、戦地に行く船もないし、船があったとしても、目的地に着くまでに、敵軍によって沈められる」というような噂がひそかにささやかれていた。若き出征兵士の母は、これが一生の別れかも知れないと思って、泣き続けていたのだろう。「明治の精神を復活させるために」といって、悲しい歌だった「海ゆかば」を復活させてはならない。

## 六　日本は「世界から好かれる国」であり続けよう！

個人の場合でも、人から好かれる方が、人から嫌われるよりも喜ばしいように、国家やその国の人びとについても、他国の人びとから好感をもたれる方が、嫌われるよりも望ましいことは当然と言えよう。

第二次世界大戦直後の日本は明らかに世界中の人びとから嫌われていた。たとえば、学術振興のための谷口財団の理事長を、正田建次郎氏、島秀雄氏の後任として務められた早石修氏（ノーベル賞級の生化学者）は、戦後早い時期にアメリカに留学したが、「日本人にはアパートや部屋を貸さない」という家主が多く、住居を確保するのに苦労したと、その経験談を日経新聞の「私の履歴書」にしたためておられた。

私が戦後一七年経過した一九六二（昭和三七）年に、ニューヨーク州のコーネル大学に留学した時も、フィリッピンなどアジア諸国出身の学生と英国出身の学生の対日感情は悪かったし、米国出身の学生の中には、日本による真珠湾攻撃をきびしく非難する者もいた。

私のヨーロッパ生活での経験から言って、ドイツの場合は、日本よりも、もっときびしく戦争についての責任が追及されたと思う。ドイツは地続きの近隣諸国が多く、戦争による被害が近隣諸国の人びとに直接的に及んだ範囲が広かったからだと考えられる。

戦後、ドイツは「ナチ党が悪かったのであり、一般のドイツ国民もナチの被害者だ」というムードの謝罪をしたし、特に近隣諸国には徹底的に謝罪した。ドイツでは、日本の場合のように「日本の韓国支配は、日本が韓国のためを思って、善意でやったのだ」（一九六五年の高杉発言）と発言するような例はなかったと思う。

私は一九六〇年代、七〇年代、八〇年代にはニューヨーク州で、そして、一九七〇年代にはウィーンでも生活する経験を得たが、年を経るにつれて、世界の人びとの日本国と日本人に対する感情が良くなっていくのを実感することができた。

一九七〇年代には、ニューヨークなど、アメリカ各地で家主たちが自分が所有するアパート、コンドミニアム、家屋などを日本人に貸したいと希望する例が多くなった。日本人がおとなしくて、協調的で、礼儀正しく、約束をきちんと守るとして、好感をもたれるようになったのだった。外国人たちの中にも、日本が戦争と戦力保持を否定する憲法をもっていることを知っている人はかなり居り、これも日本が好感をもたれる一つの有力な原因になっている。

日本は戦後、新しい憲法のもとに、平和と民主主義を旗印として、世界の平和と諸外国との協調に努めてきたことが認められたと考えてよい。日本がかつての軍国主義的で、封建的で、独裁的な国という悪いイメージを除去して、信頼できる、立派な国だという諸外国の人びとから得た評価を強固なものにして、世界から好かれる国であり続けるように、私たち日本国民は努力していかねばならない。

# おわりに

本書は私にとって十六冊目の商業出版となりますが、これまで著述について貴重なご教示をいただいてきた、故人となっておられる小松左京、出光宏、今井隆吉、粕谷一希、国弘正雄、村松増美の各氏と、今日もご健在の松山幸雄、日下公人の各氏など諸先輩に心から感謝の意を表します。

なお、本書の刊行に関しての文責は全て私個人にあります。

【著者紹介】

**一本松　幹雄**（いっぽんまつ　みきお）

1937年兵庫県芦屋市生まれ。灘高、早大政経学部、コーネル大学大学院に学ぶ。電力会社、国際機関、文科省・経産省管轄の研究組織での勤務を経て、2006年、作家、英語通訳者として独立す。戦時中及び終戦直後の世界と国内情勢に精通している。本書を含め、著書、翻訳書の出版16冊、欧米での勤務歴11年間。

「聖戦」と日本人
戦争世代が直面した断末魔の日々

2016年7月30日　初版第1刷発行

著　者　一本松幹雄
発行者　石井昭男
発行所　株式会社 明石書店
〒101-0021　東京都千代田区外神田6-9-5
電　話　03（5818）1171
FAX　03（5818）1174
振　替　00100-7-24505
http://www.akashi.co.jp
装丁　明石書店デザイン室
印刷／製本　モリモト印刷株式会社

（定価はカバーに表示してあります）　ISBN978-4-7503-4378-5